Leben im Mittelalter

Themenheft Geschichte

mitmischen

Ernst Klett Schulbuchverlage
Stuttgart · Leipzig

1. Auflage A 1 7 6 5 4 3 | 2017 16 15 14 13

Alle Drucke dieser Auflage können im Unterricht nebeneinander benutzt werden, sie sind untereinander unverändert. Die letzte Zahl bezeichnet das Jahr dieses Druckes.

Internetadresse: http://www.klett.de

Herausgegeben von: Dr. Antonius Wollschläger

Autoren: Eckhard Hanke
Thomas Heber
Cornelia Heimbrock
Dr. Norbert Hörberg †
Dr. Uli Jungbluth
Adalbert Wegmann
Dr. Antonius Wollschläger

Umschlaggestaltung: Kreaktor GmbH, Hannover

Druck: Himmer AG, Augsburg

Printed in Germany

ISBN-13: 978-3-12-410748-0
ISBN-10: 3-12-410748-9

9 783124 107480

Inhalt

So arbeitet ihr

Kapitelsymbol

Dieses Themenheft hat zwei Kapitel. Beide beginnen mit einer Auftakt-Doppelseite. Bilder und ein kurzer Text sagen dir, worum es in diesem Thema geht.

Auf einer Doppelseite steht unter dem Kartensymbol „mitmischen!“. Auf dieser Seite wird ein Projekt vorgestellt, das ihr ausprobieren könnt. Genaue Anleitungen helfen euch dabei.

Jedes der beiden Kapitel ist in mehrere Themen unterteilt, für jedes Thema gibt es eine Doppelseite. Damit du siehst, zu welchem Kapitel das Thema gehört, hat jede Doppelseite ein Kartensymbol. Das Kartensymbol enthält auch die Kapitelnummer.

Unter der Überschrift findest du einen kleinen Einführungstext. So kannst du schnell sehen, worum es auf dieser Seite geht.

Ein Mini-Lexikon erklärt dir wichtige Begriffe und schwierige Wörter.

Der Text, den die Autorinnen und Autoren für dich geschrieben haben, ist durch Zwischenüberschriften gegliedert.

mit diesem Themenheft

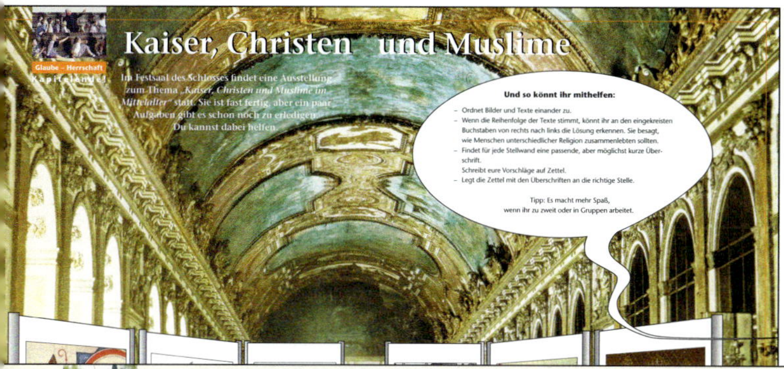

Findest du unter dem Kapitelsymbol das Wort „Kapitelende!“, darfst du gespannt sein, denn hier gibt es Rätsel, Spiele oder auch ein Quiz.
Die Lösungen sind kein Problem, denn mit dem Themenheft kannst du dich dafür fit machen.

Wenn unter dem Kapitelsymbol „Gewusst wie“ steht, dann weißt du sofort, hier wird eine Methode vorgestellt, die dir beim Lernen helfen kann, z. B. *Bilder zum Sprechen bringen* oder *Textquellen auswerten.*

Gewusst wie

Ein Glühlämpchen steht an der Stelle, wo die Methode beschrieben wird.
Am Schluss des Themenheftes findest du auch eine Zusammenstellung wichtiger Namen und Begriffe. Die Seitenzahl zeigt an, wo du ausführlich darüber nachlesen kannst.

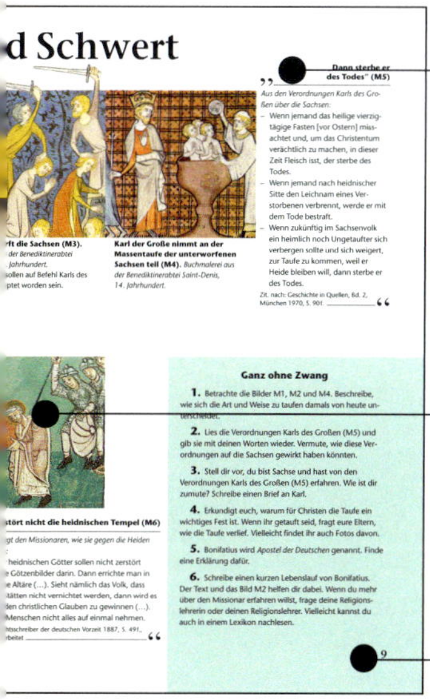

Quellentexte sind Texte aus anderen Büchern oder Briefe, Tagebücher und Urkunden. Du erkennst sie an den sehr großen An- und Abführungszeichen.

Bilder, Karten und Quellentexte auf jeder Doppelseite sind durchnummeriert. Das sieht dann zum Beispiel so aus: (M1).
Wie du mit diesen Materialien umgehst, lernst du im Unterricht, aber auch die Doppelseiten „Gewusst wie“ helfen dir dabei.

Natürlich gibt es auch Aufgaben, die meistens in einem farbigen Kästchen stehen.

Glaube

Schulkinder zu Gast in einem Kloster (M1).
Ein Pater zeigt ihnen die Klosterkirche.

Die meisten Menschen in Europa sind Christen. Das Christentum hat eine zweitausendjährige Geschichte und die Entwicklung Europas – und damit auch Deutschlands – ist eng mit dem Christentum verbunden.

Christliche Kaiser und Könige hatten großen Einfluss auf die Geschichte der Deutschen und unserer Nachbarvölker. Kaiser Karl der Große, Herrscher im mächtigen Frankenreich, wird heute oft als der „Vater Europas" bezeichnet. Die christliche Religion bestimmte das Denken und Handeln der Menschen im Mittelalter und die Klöster waren Zentren der Kultur und Bildung.

Im Namen Gottes verfolgten Christen auch Andersdenkende und Andersgläubige. Es gab aber auch Zeiten, in denen Christen mit Andersgläubigen friedlich zusammenlebten – so über mehrere Jahrhunderte in Spanien mit den Arabern, die der Religion des Islam angehören. Die Spanier übernahmen viel Nützliches und Wertvolles aus der Kultur, Wissenschaft und Bildung der Eroberer. Wenn ihr mit euren Eltern nach Spanien in den Urlaub fahrt, könnt ihr noch heute Bauwerke und andere Kulturdenkmäler aus dieser Zeit bewundern.

In diesem Kapitel könnt ihr herausfinden-...

wie der christliche Kaiser Karl der Große regierte …

Karl der Große (M2). *Büste aus dem Aachener Domschatz.* Der fränkische Kaiser war ein mächtiger Herrscher.

wie der König und seine Gefolgsleute die Verwaltung organisierten …

Ein Vasall legt vor seinem Herrn den Treueid ab (M3). *Aus dem Sachsenspiegel, 13. Jahrhundert.*

und Herrschaft

welche Arbeiten die Mönche in den Klöstern verrichteten …

Schreibender Mönch (M4). *Buchmalerei aus dem 13. Jahrhundert.*

wie der Islam sich in Europa ausbreitete …

Bewässerte Gärten (M5). In Spanien kann man heute noch die arabische Baukunst bewundern.

wie christliche Heere ins Heilige Land zogen.

Kreuzfahrer beschießen die Stadt Nikäa (M6) und richten ein Blutbad an.

Mit Bibel

Heute ist die Taufe eines Kindes ein Grund zum Feiern. Das war nicht immer so. Manchmal war die Taufe sogar mit Gewalt verbunden.

Taufe heute (M1). Eltern lassen ihr Kind in der Kirche taufen.

Germanen werden Christen

Im Römischen Reich waren fast alle Menschen Christen. Das blieb auch so, als das Weströmische Reich unter dem Ansturm anderer Völker zerbrach und auf seinem Boden neue Reiche entstanden.

Unsere Vorfahren, die Germanen, glaubten nicht an den Gott der Christen. Sie hatten andere Götter. Zum Beispiel war Wodan für den Ausgang von Kriegen zuständig. Seine Frau Freya beschützte Haus und Herd, beschenkte die Fleißigen und bestrafte die Faulen.

Doch manche Germanen fanden Gefallen an den Vorstellungen der Christen und nahmen ihren Glauben an. Sie meinten, dass ein Gott, der das gesamte Leben des Menschen – sogar noch nach dem Tode – bestimmen konnte, ihren eigenen Göttern überlegen war.

Karl der Große

Ein germanischer Stamm waren die Franken. Ihr König Karl der Große (vgl. S. 10-15) hatte das Ziel, ein ebenso mächtiges Reich zu schaffen wie vor ihm die Römer. Darin sollten nur Christen leben. Ihm genügte es nicht, das Land seiner Nachbarn zu erobern. Alle, die dort lebten, mussten den christlichen Glauben annehmen.

Die überfallenen Völker setzten sich zur Wehr. Doch Karl kannte keine Gnade. Besonders grausam ging er gegen die Sachsen vor. Gegen sie führte er insgesamt 35 Jahre lang Krieg, dann war ihr Widerstand gebrochen.

Bonifatius

Doch es gab auch Männer und Frauen, die auf andere Weise den christlichen Glauben verbreiteten: Sie verließen ihre Heimat und gründeten Klöster. Von da aus brachten sie den Menschen durch die Predigt das Wort Gottes. Wir nennen solche Leute *Missionare* und *Missionarinnen*. Einer von ihnen war der Mönch *Bonifacius,* den man auch den *Apostel der Deutschen* nennt. Er kam aus England und wirkte vor allem im heutigen Hessen, Thüringen und Bayern. Bonifacius gründete Bistümer und wurde 746 Bischof von Mainz.

Von Missionarinnen wissen wir wenig, weil viele Bischöfe ihr Wirken nicht besonders schätzten. Berichtet wird aber von *Lioba,* einer Freundin des Bonifacius. Ebenso wie er gründete sie mehrere Klöster.

Lexikon

Bischof

Bischöfe sind Leiter eines Kirchenbezirkes, den man Bistum nennt. Bischöfe gibt es in Deutschland sowohl in der katholischen Kirche (z. B. Bischof von Trier) als auch in der evangelischen Kirche. In der evangelischen Kirche heißen sie Landesbischof (z. B. von Thüringen) oder Präses (z. B. von Rheinland).

Bilder aus dem Leben des Bonifatius (M2). *Buchmalerei, Fulda um 875.* Links: Bonifacius tauft einen Heiden. Rechts: Auf einer Missionsreise zu den Friesen wird Bonifacius im Jahr 754 getötet. Im Dom zu Fulda liegt er begraben.

und Schwert

Karl unterwirft die Sachsen (M3). *Buchmalerei aus der Benediktinerabtei Saint-Denis, 14. Jahrhundert.*
4 500 Sachsen sollen auf Befehl Karls des Großen enthauptet worden sein.

Karl der Große nimmt an der Massentaufe der unterworfenen Sachsen teil (M4). *Buchmalerei aus der Benediktinerabtei Saint-Denis, 14. Jahrhundert.*

„Dann sterbe er des Todes" (M5)

Aus den Verordnungen Karls des Großen über die Sachsen:

– Wenn jemand das heilige vierzigtägige Fasten [vor Ostern] missachtet und, um das Christentum verächtlich zu machen, in dieser Zeit Fleisch isst, der sterbe des Todes.
– Wenn jemand nach heidnischer Sitte den Leichnam eines Verstorbenen verbrennt, werde er mit dem Tode bestraft.
– Wenn zukünftig im Sachsenvolk ein heimlich noch Ungetaufter sich verbergen sollte und sich weigert, zur Taufe zu kommen, weil er Heide bleiben will, dann sterbe er des Todes.

Zit. nach: Geschichte in Quellen, Bd. 2, München 1970, S. 90f.

„Zerstört nicht die heidnischen Tempel (M6)

Papst Gregor sagt den Missionaren, wie sie gegen die Heiden vorgehen sollen:
Die Tempel der heidnischen Götter sollen nicht zerstört werden, nur die Götzenbilder darin. Dann errichte man in ihnen christliche Altäre (…). Sieht nämlich das Volk, dass seine heiligen Stätten nicht vernichtet werden, dann wird es leichter, es für den christlichen Glauben zu gewinnen (…). Man kann den Menschen nicht alles auf einmal nehmen.

Zit. nach: Geschichtsschreiber der deutschen Vorzeit 1887, S. 49f., vom Verfasser bearbeitet.

Ganz ohne Zwang

1. Betrachte die Bilder M1, M2 und M4. Beschreibe, wie sich die Art und Weise zu taufen damals von heute unterscheidet.

2. Lies die Verordnungen Karls des Großen (M5) und gib sie mit deinen Worten wieder. Vermute, wie diese Verordnungen auf die Sachsen gewirkt haben könnten.

3. Stell dir vor, du bist Sachse und hast von den Verordnungen Karls des Großen (M5) erfahren. Wie ist dir zumute? Schreibe einen Brief an Karl.

4. Erkundigt euch, warum für Christen die Taufe ein wichtiges Fest ist. Wenn ihr getauft seid, fragt eure Eltern, wie die Taufe verlief. Vielleicht findet ihr auch Fotos davon.

5. Bonifatius wird *Apostel der Deutschen* genannt. Finde eine Erklärung dafür.

6. Schreibe einen kurzen Lebenslauf von Bonifatius. Der Text und das Bild M2 helfen dir dabei. Wenn du mehr über den Missionar erfahren willst, frage deine Religionslehrerin oder deinen Religionslehrer. Vielleicht kannst du auch in einem Lexikon nachlesen.

Karl der Große

Münze mit dem Bildnis Karls des Großen (M1). Zwei lateinische Wörter sind zu lesen: Imperator (Kaiser) und Augustus (der Erhabene) – so nannte sich einer der mächtigsten römischen Kaiser.

Die Entwicklung des Frankenreiches bis zum Tode Karls des Großen (M2).

Unterschrift Karls des Großen (M3). Da der Kaiser weder schreiben noch lesen konnte, benutzte er dieses Zeichen.

Ein mächtiges Frankenreich entsteht

Nach der Teilung des Römischen Reiches im Jahre 395 wurde nur noch der östliche Landesteil, das *Byzantinische Reich,* von einem Kaiser regiert. Im ehemaligen *Weströmischen Reich* erreichten im Laufe der Zeit die Frankenkönige immer größere Macht. Durch zahlreiche Eroberungen erweiterten sie ihr Reich. Dabei sahen die christlichen fränkischen Könige eine wichtige Aufgabe darin, die besiegten Völker zum christlichen Glauben zu bekehren. Das galt auch für König Karl (vgl. S. 8), der später den Beinamen „der Große“ erhielt.

An den Grenzen des Reiches richtete Karl *Grenzmarken* ein. Das waren gut befestigte Gebiete, in denen *Wehrbauern* zur Verteidigung des Reiches angesiedelt wurden.

Karl wird römischer Kaiser

Im Jahre 799 hatte sich Papst Leo III., das Oberhaupt der christlichen Kirche, mit einflussreichen Römern verfeindet. Sie warfen ihm unehrliches und unzüchtiges Verhalten vor. Bei einem Festumzug überfielen und misshandelten sie ihn. Der Papst floh, verfolgt von seinen Gegnern, nach Paderborn zum König des Frankenreiches, Karl dem Großen. Ihn bat Leo III. um Hilfe. Karl legte in Verhandlungen mit dem Papst und seinen Gegnern fest, dass niemand das Recht habe das Oberhaupt der Kirche zu verurteilen. Die Macht des Papstes war damit wiederhergestellt.

Ein Jahr später zog Karl mit seinem Heer nach Rom, wo Papst Leo III. ihm einen großen Empfang bereitete. Karls Einsatz für den Papst wurde belohnt. Leo krönte den König der Franken am Weihnachtstag des Jahres 800 zum Kaiser.

Von nun an gab es auch im westlichen Teil des ehemaligen Römischen Reiches einen Kaiser. Der Papst hatte für sich und alle Christen einen mächtigen Beschützer gewonnen.

Karl der Große fühlte sich als Nachfolger der römischen Herrscher und als christlicher Kaiser. Und so handelte er auch.

Kaiserkrönung in Rom (M6)

Ein Chronist berichtet:

Die Kirche war bis auf den letzten Platz besetzt. Dicht am Altar befanden sich Karls Töchter und Söhne und Karl selbst. Er trug eine lange römische Tunika, einen Umhang mit goldenem Gürtel und römische, mit Juwelen besetzte Sandalen. Vor ihm lag, funkelnd im Licht unzähliger Kerzen, eine prächtige goldene Krone. Karl kniete nieder und betete. Als sich der König vom Gebet erheben wollte, setzte ihm Leo die Krone aufs Haupt. (...) Papst Leo salbte Karl mit heiligem Öl, kniete vor ihm nieder und grüßte ihn nach altem römischen Brauch als Kaiser Augustus.

Zit. nach: Geschichte in Quellen, Bd. II, München 1975, S. 70.

Karl der Große wird zum Kaiser gekrönt (links; M4). *Buchmalerei aus der Benediktinerabtei Saint-Denis, 14. Jahrhundert.*

Reiterstatue Karls des Großen (rechts; M5). *Entstanden um 814.*

Die Aufgaben von Kaiser und Papst (M7)

Im Jahre 800 schrieb Karl an Papst Leo III.:

Unser ist, (...) die heilige Kirche Christi allenthalben vor dem Einbruch der Heiden und der Verwüstung der Ungläubigen außen mit Waffen zu verteidigen und innen mit der Erkenntnis des katholischen [allgemeinen] Glaubens zu unterstützen.
Euer ist es, heiligster Vater, mit zu Gott erhobenen Händen (...) unser Waffenwerk zu unterstützen, auf dass durch eure Fürsprache dank Gottes Führung und Gabe das christliche Volk über die Feinde seines heiligen Namens allezeit und allenthalben Sieg habe und der Name unseres Herrn Jesu Christi in der ganzen Welt gepriesen werde.

Zit. nach: Politische Weltkunde, Bd. I, Stuttgart 1972, S. 82f.

Kaiserliche Aufgaben

1. Nenne die Gebiete, die Karl der Große eroberte. Welche heutigen Länder umfasste sein Reich (M2)?

2. Warum krönte Papst Leo III. Karl den Großen zum Kaiser? Beschreibe die Krönungsfeier in Rom (Text, M4 und M6).

3. Welche Pflichten übernahm der Papst und welche der Kaiser gegenüber der Kirche (M7)?

4. Beschreibe, warum sich Karl der Große als „Kaiser der Christen" bezeichnete (M7).

5. Der Name Karl wird auf lateinisch „KAROLUS" geschrieben. Erkläre, wie man seine Unterschrift (M3) lesen muss um diesen Namen zu erhalten. Versuche für deinen Namen ein ähnliches Zeichen zu entwerfen.

Ein Herrscher

pala

Pfalz – Hof, Wohnung des Königs

Das deutsche Wort „Pfalz“ ist vom lateinischen „palatium“ abgeleitet. Das bedeutet Hof oder Wohnung des Königs. Auch unser Name „Palast“ ist damit verwandt. Wo aber war der Palast, die Wohnung Kaiser Karls des Großen?

Karl – ein Reisekaiser

Die Könige im Frankenreich – so auch Kaiser Karl der Große – hatten keine Hauptstadt, von der aus sie das große Reich regierten. Sie befanden sich meist auf Reisen, denn nur so konnten sie in ihrem Reich nach dem Rechten sehen und dort sein, wo sie gebraucht wurden. Man reiste damals zu Pferd oder mit einem Reisewagen. Die Straßen waren schlecht und der reisende Königshof kam nur langsam vorwärts – ungefähr 20 Kilometer am Tag. Die Könige reisten mit einem großen Gefolge. Das waren oft mehr als 1000 Personen: Soldaten, Diener, Berater, Rechtskundige.

Die Pfalz – königliche Unterkunft …

Einen längeren Aufenthalt gab es an den Pfalzen. Das waren durch Mauern befestigte Orte mit Gebäuden, die dem König und seinem Gefolge zur Unterkunft dienten. Der König selbst wohnte im größten Haus, in dem sich die Königshalle und die Pfalzkapelle befanden. Seine Leute bezogen die Wirtschafts- und Verwaltungsgebäude. Auf den Pfalzen musste die königliche Gesellschaft für einige Zeit ernährt werden. Deshalb gehörten große Ländereien zu den Pfalzen, die von Bauern bewirtschaftet wurden.

… und zeitweiliger Regierungssitz

Die Pfalzen, verteilt über das ganze Reichsgebiet, waren zeitweilige Regierungssitze des Königs. Bekannte Pfalzen waren u. a. Aachen, Worms, Ingelheim, Forchheim, Frankfurt/Main und Diedenhofen.

Auf den Pfalzen wurde Gericht gehalten. Der König nahm Beschwerden entgegen und verteilte Ämter. Schreibkundige Geistliche stellten Urkunden aus. Der Kö-

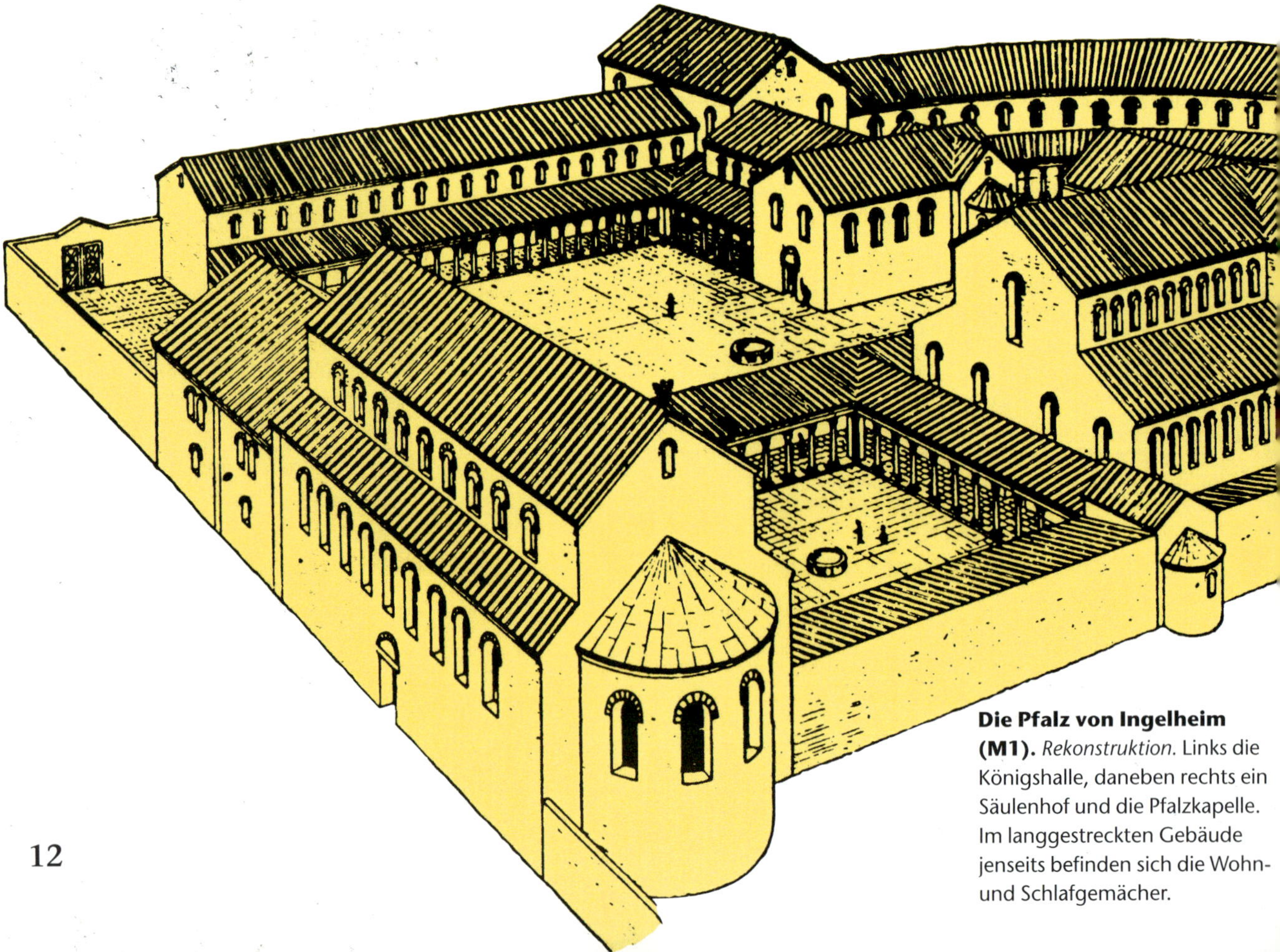

Die Pfalz von Ingelheim (M1). *Rekonstruktion.* Links die Königshalle, daneben rechts ein Säulenhof und die Pfalzkapelle. Im langgestreckten Gebäude jenseits befinden sich die Wohn- und Schlafgemächer.

auf Reisen

Das Frankenreich hatte keine Hauptstadt, von der aus der das Reich regiert wurde. Wie lösten die Frankenkönige das Problem?

nig empfing Gesandte aus Europa und dem Orient, führte Verhandlungen und die Mächtigen des Reiches berieten auf den Hof- und Reichstagen wichtige Fragen über die Entwicklung des Reiches.

Ein kluger Herrscher

Unter all seinen Pfalzen hielt sich Karl der Große am liebsten in Aachen auf. Hier ließ der fränkische Kaiser prächtige Bauten errichten, sodass Aachen auch als das „zweite Rom“ bezeichnet wurde. Gelehrte Männer aus ganz Europa standen ihm hier zur Seite, wenn es darum ging die Verwaltung des Reiches zu organisieren und Recht zu sprechen. Karl teilte das Reich in 350 Verwaltungsbezirke (Grafschaften) ein, an deren Spitze als Vertreter des Kaisers ein Graf stand. Königsboten reisten durchs Land um Verwaltung und Rechtssprechung zu kontrollieren. Im Frankenreich Karls des Großen erreichten Wissenschaft, Baukunst und Handwerk einen hohen Stand.

Karl der Große mit seinen Beratern (M3). *Buchmalerei aus der Benediktinerabtei Saint-Denis, 14. Jahrhundert.* Der Kaiser ließ sich bei seinen Entscheidungen gern von klugen Männern beraten.

Schmiede, Schuster, Drechsler ... (M2)

Aus den Vorschriften Karls des Großen für die Bewirtschaftung der Königsgüter:

„Jeder Amtmann soll in seinem Bezirk tüchtige Handwerker zur Hand haben. Grob-, Gold- und Silberschmiede, Schuster, Drechsler, Stellmacher, Schildmacher, Fischer, Falkner, Seifensieder, Brauer (...), Bäcker, die Semmeln für unseren Hofhalt backen, Netzmacher, die Netze für die Jagd, für Fisch- und Vogelfang zu fertigen wissen, und sonstige Dienstleute, deren Aufzählung zu umständlich wäre.“

Zit. nach: Geschichte in Quellen, Band II, a. a. O., S. 95 ff.

Herrschaftliche Aufgaben

1. Welche Rolle spielten die Pfalzen bei der Verwaltung des Reiches?

2. Beschreibe die Pfalz von Ingelheim (M1). Erläutere, welchen Zweck die einzelnen Gebäude erfüllten. Wo wohnte der König, wo sein Gefolge?

3. Was sagen der Text, M2 und M3 darüber aus, wie Karl der Große das Reich regierte? Ergänze: Karl der Große achtete darauf, dass (...)

Vom Frankenreich

Schon dreißig Jahre nach dem riesiges Reich zerfallen.

Das Frankenreich wird aufgeteilt

Als 814 Karl der Große starb, bestieg sein einziger Sohn *Ludwig* den Thron. Dieser hatte drei Söhne. Schon zu Lebzeiten Ludwigs kam es zwischen ihnen zu heftigem Streit um das Erbe des Reiches.

Schließlich einigten sie sich und teilten das Reich nach fränkischem Recht unter sich auf: *Karl der Kahle*, wegen seiner Glatze so bezeichnet, bekam das *Westfrankenreich*. *Lothar*, der Älteste und damit auch neue Kaiser, erhielt den *Mittelteil*. Und *Ludwig*, der später *„der Deutsche“* genannt wurde, bekam das *Ostfrankenreich* zugesprochen (vgl. Karte M2). Nach erneutem Streit teilten Karl und Ludwig das Mittelreich unter sich auf. Die Grenze zwischen dem Westfranken- und dem Ostfrankenreich blieb über Jahrhunderte auch die Grenze zwischen den späteren Staaten Deutschland und Frankreich.

Vom Ostfrankenreich zum deutschen Reich

Das Westfranken- und das Ostfrankenreich gingen ihre eigenen Wege. Das Westfrankenreich erhielt den Namen „Frankenreich“, aus dem schließlich „Frankreich“ wurde.

Im Ostfrankenreich lebten verschiedene Stämme: Sachsen, Franken, Schwaben, Bayern, Lothringer. An ihrer Spitze standen Herzöge, die möglichst unabhängig regieren wollten. Im Jahre 919 bestieg der mächtige Sachsenherzog *Heinrich* den Königsthron. Dieses Datum wird von vielen Historikern als der Beginn der deutschen Geschichte gesehen.

Heinrich I. und seinem Sohn *Otto I.* gelang es in den folgenden Jahrzehnten ihre Macht zu festigen: Sie zwangen alle Herzöge sie als König anzuerkennen. Verdient machten sich die beiden Herrscher auch dadurch, dass ihre Heere die Reiterscharen der Ungarn schlugen, die immer wieder das Reich überfallen hatten.

814 – Karl der Große stirbt.

843 – Seine Erben teilen das Reich unter sich auf.

880

919 – Der Herzog der Sachsen, Heinrich I., wird König. Die deutsche Geschichte beginnt.

Der Tod Karls des Großen (M1). *Buchmalerei aus der Benediktinerabtei Saint-Denis, 14. Jahrhundert.* Bischof Theodulf und Karls Sohn Ludwig wird die Todesnachricht übermittelt.

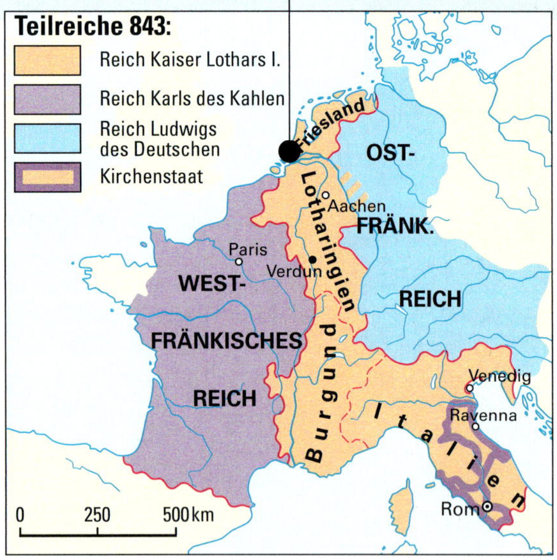

Der Vertrag von Verdun 843 (M2). So wurde das Frankenreich Karls des Großen aufgeteilt.

zum deutschen Reich

Tode Karls des Großen war sein
Was wurde aus seinem Erbe?

Otto der Große

König Otto I., der später den Beinamen „der Große“ erhielt, wurde im Jahre 962 in Rom vom Papst zum deutschen Kaiser gekrönt. Wie einst Karl der Große versprach Otto, die römische Kirche zu schützen und den Papst als geistliches Oberhaupt der Christen anzuerkennen.

Otto I. führte mehrere siegreiche Kriege. Mit seinen erworbenen Besitztümern im reichen Italien konnte der deutsche Kaiser seine Macht stärken. Auch die Eroberung der Gebiete zwischen Elbe, Saale und Oder, in denen slawische Stämme lebten, trug dazu bei. In den ehemals slawischen Gebieten gründete Otto I. Bistümer und setzte Bischöfe ein (vgl. S. 18). Sie verwalteten das Land im Auftrag des Kaisers und zwangen die heidnischen Slawen den christlichen Glauben anzunehmen.

Neue Reiche – neue Aufgaben

1. Beschreibe mit Hilfe des Textes sowie M1 und M2, wie sich das deutsche Reich aus dem Frankenreich Karls des Großen entwickelte.

2. Zähle die Maßnahmen auf, mit denen Heinrich I. und Otto I. ihre Macht festigten (Text, M4).

3. Welche Vorteile ergaben sich aus der Kaiserkrönung Ottos I. für den Papst, welche für den Kaiser?

4. Die Namen einiger deutscher Bundesländer und Gebiete erinnern an die im Ostfrankenreich lebenden Stämme. Für welche trifft das zu?

936

Otto I. („der Große“) wird zum deutschen König gewählt.

955

Das Heer Ottos I. besiegt die Ungarn auf dem Lechfeld bei Augsburg.

962

Der Papst krönt Otto I. zum Kaiser.

Marmorsitz Karls des Großen in der Pfalz Aachen (M3). Hier wurde Otto I. zum König gekrönt.

Panzerreiter schützen vor Einfällen (M4). *Zeitgenössische Buchmalerei.*

Reichskrone (M5). Wahrscheinlich wurde sie für die Krönung Ottos I. hergestellt.

Von denen

Die Lehnspyramide (M1).

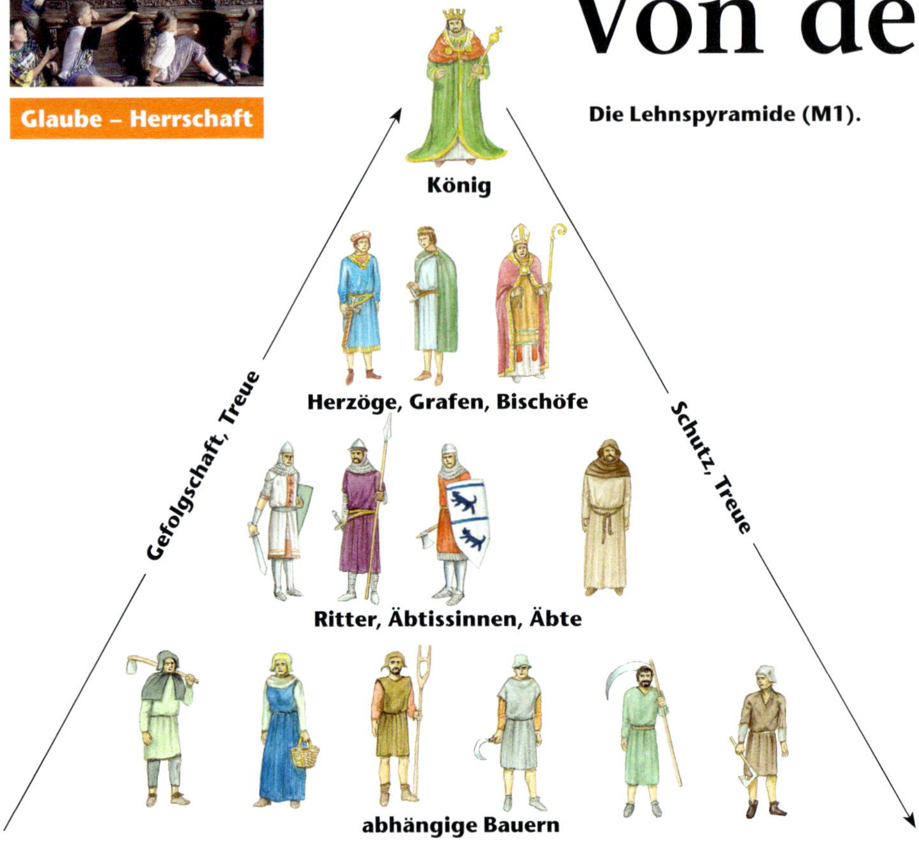

Eine von Gott gewollte Ordnung

Stell dir vor, dass dein Leben davon bestimmt wird, was deine Eltern für einen Beruf haben und wie viel Geld sie verdienen. Im Mittelalter war das so. Die Menschen fühlten sich bestimmten Gruppen zugehörig. Welcher Gruppe man angehörte, hing nicht davon ab, ob einer fleißig oder weniger fleißig, arm oder reich war. Entscheidend war die Geburt: Wer beispielsweise als Sohn eines Bauern zur Welt kam, konnte niemals König, Graf oder Ritter werden.

Jeder hatte seinen Platz. Ganz oben stand der König. Er entschied über Krieg und Frieden, erließ Gesetze und war der höchste Richter im Land. Die Adligen, dazu gehörten die mächtigsten Herzöge und Grafen, waren seine Gefolgsleute. Sie besaßen viel Land und genossen überall hohes Ansehen. Zum Adel zählten aber auch die Bischöfe.

Die Ritter waren längst nicht so reich. Sie besaßen eine Burg und halfen mit, das Reich zu verwalten. Die Äbtissinnen und Äbte standen einem Kloster vor, zu dem auch viel Land gehören konnte.

Ganz unten standen die Bauernfamilien in den Dörfern und die Bürgerinnen und Bürger in den Städten. Sie besaßen die wenigsten Rechte. Aber auch sie glaubten, dass diese Ordnung von Gott so gewollt sei.

Lehnsherr und Lehnsmann

Vor der Regierungszeit *Karls des Großen* (768 – 814) war es üblich, dass der König seinen Gefolgsleuten Land als Dank für gute Dienste schenkte. Danach setzte sich immer mehr eine andere Art der Belohnung durch: Der König verlieh seinen treuesten Gefolgsleuten Land. Gleichzeitig erhielten sie vom König ein Amt verliehen. Beides, das verliehene Land und das Amt, nennt man *Lehen*.

Der König war der *Lehnsherr* und die Gefolgsleute waren die *Lehnsmänner*. Sie wurden Herzog, Graf, Bischof oder Abt und halfen dem König, das Land zu verwalten. Auch stellten sie ihm Krieger. Ihrem Lehnsherrn waren sie zu Treue und Gehorsam verpflichtet. Lehnsmänner, die direkt vom König Land und Ämter erhielten, waren seine *Vasallen*. Für ihre Dienste versprach der König sie zu schützen.

Die Vasallen wiederum belehnten Ritter, Äbtissinnen und Äbte mit Land und Ämtern. So konnte ihr Gebiet besser verwaltet und bewirtschaftet werden. Vor allem besaßen die Vasallen nun Untertanen, die verpflichtet waren, sie in den vielen Kriegen zu unterstützen. Auch die Ritter, Äbtissinnen und Äbte hatten davon ihre Vorteile: Sie standen unter dem Schutz des Lehnsherrn.

Abhängige Bauern bearbeiteten den Grund und Boden ihrer Lehnsherrn. So entstand eine Ordnung, die es möglich machte, das Reich zu verwalten und das Zusammenleben der Menschen zu regeln.

„da oben“

Der König brauchte zuverlässige Männer und Frauen um Krieg zu führen und das Land ordentlich zu verwalten. Das war nicht einfach.

Äbtissin und Abt verteilen Güter als Lehen. Äbtissin und Abt betonen gegenüber dem Kaiser ihre Treue

Eine Burg wird als Lehen vergeben. Eine Kirche wird als Lehen vergeben.

Ein Vasall legt vor seinem Herrn den Lehenseid ab. Ein Vasall gibt seinem Lehnsherrn Ratschläge.

Ein Ritter als Lehnsmann eines Adligen. Ein Vasall sagt seinem Kaiser Unterstützung im Krieg zu.

Lehnsvergabe auf Burg Greifenberg 1299

Genau wissen wir es nicht, aber so könnte es gewesen sein, als der Graf Helmbrecht eine Burg mit drei Dörfern und ihren Bauern dem Ritter Wiprecht als Lehen übergab:

Um die zehnte Stunde erschienen Graf Helmbrecht und Ritter Wiprecht auf der Burg Greifenberg. Der Ritter kniete vor seinem künftigen Lehnsherrn nieder. Graf Helmbrecht umfasste die Hände seines künftigen Vasallen und fragte ihn: „Willst du ohne Vorbehalte mir immer treu dienen und mir ein guter Gefolgsmann sein?“

Ritter Wiprecht antwortete: „Das verspreche ich dir auf Treu und Glauben. Ich will ohne jeden Falsch immer getreu des Eides zu dir stehen und alle meine Pflichten erfüllen.“

Der Graf sagte nun: „Wenn das so ist, übergebe ich dir als Lehnsmann die Burg Greifenberg mit den drei Dörfern. Wenn du den Eid brichst, fällt der Besitz an mich zurück.“ Dann sagte er noch: „Ich verspreche, dich und deine Untertanen zu schützen.“ Mit einem Eid besiegelten beide ihre gegenseitige Treue.

Die Lehnsübergabe (M2). *Aus dem „Sachsenspiegel“, einer mittelalterlichen Handschrift des 13. Jahrhunderts.*

Belehnung mit Aufgaben

1. Erläutere mit Hilfe des Textes die mittelalterliche Ordnung. Beschreibe die Unterschiede zu heute.

2. Welche Personen kommen in der Lehnspyramide (M1) vor? Erkläre die Verpflichtungen, die sie gegenseitig eingehen.

3. Spielt die Lehnsübergabe nach. Denkt daran, dass es auch Lehnsherrinnen und Lehnsfrauen gab. Wenn ihr wollt, könnt ihr euch auch verkleiden.

4. Woran erkennt man in den einzelnen Bildern von M2 den Lehnsherrn und den Vasallen?

5. Welche Pflichten des Vasallen gegenüber seinem Lehnsherrn kannst du in den Bildausschnitten in M2 erkennen?

Wer hat hier

Papst und Kaiser – so sehen dicke Freunde aus. Waren sie es tatsächlich?

Papst und Kaiser (M1). *Heidelberger Bilderhandschrift des Sachsenspiegels aus dem 14. Jahrhundert.*

Eine Reise nach Canossa

Im Winter 1076 brach ein Mann mit seiner Familie zu einer gefährlichen Reise über die verschneiten Alpen auf. Er wollte unbedingt zum Papst, dem Oberhaupt der christlichen Kirche, der seinen Sitz in Rom hatte. Zu dieser Zeit hielt sich Papst Gregor VII. auf der Burg Canossa in Norditalien auf. Der Mann ersuchte den Papst ihn zu empfangen. Nach drei Tagen wurde er vorgelassen. Der Mann – barfuß und mit einem Büßergewand bekleidet – fiel vor dem Papst auf die Knie und bat darum, ihn wieder in die Kirche aufzunehmen.

Ihr werdet es kaum glauben, aber dieser Mann war ein König – der deutsche König *Heinrich IV.*

Ein langer Streit

Päpste und Könige stritten schon lange miteinander. Im Jahre 936 war *Otto I.* deutscher König geworden. Wie jeder König wollte er ein mächtiger Herrscher sein. Dazu brauchte Otto treue Verbündete.

Männer der Kirche, also Bischöfe und Äbte (Vorsteher eines Klosters), konnten ihm helfen. Denn sie waren gebildete Leute und wussten, wie man ein Land verwaltet. Da sie nicht heiraten und keine Kinder haben durften, konnten sie ihren Besitz und ihr Amt nicht vererben. Starb ein Bischof, setzte der König einfach einen neuen ein.

So machte es auch König Heinrich. Doch Papst *Gregor VII.* wollte das nicht länger durchgehen lassen. Er meinte, Bischöfe und Äbte dürften nur vom Papst eingesetzt werden, denn der war das Oberhaupt der Kirche. Gregor verbot Heinrich, Bischöfe und Äbte weiterhin allein auszuwählen. Doch der König hielt sich nicht daran. Daraufhin verstieß der Papst Heinrich aus der Kirche. Seine Untertanen brauchten ihm nun nicht mehr zu gehorchen. Sie konnten sogar einen neuen König wählen. Heinrich gab nach und so kam es zu seiner Reise nach Canossa.

Der Rest ist schnell erzählt: Papst Gregor VII. nahm ihn wieder in die Kirche auf. Doch als Heinrich IV. später immer mächtiger wurde, vertrieb er mit seinem Heer den Papst aus Rom, der bald darauf starb. Ein neuer Papst krönte Heinrich schließlich zum Kaiser.

... und sein Ende

Im Jahre 1122 einigten sich die Nachfolger Heinrichs IV. und Gregors VII. in Worms doch noch: Kaiser und Papst setzten von nun an gemeinsam die Bischöfe und Äbte in ihre Ämter ein.

das Sagen?

„Nur der Papst allein kann …“ (M2)

Aus den Grundsätzen Papst Gregors VII. (1075):
[Der Papst] allein kann Bischöfe absetzen und wieder einsetzen. Einzig des Papstes Füße müssen alle Fürsten küssen. Einzig sein Name werde in allen Kirchen genannt. Er kann die Kaiser absetzen.

Zit. nach: J. Gaile, Wir Deutschen, Dortmund, S. 89.

„Steige herab …“ (M3)

Heinrich IV. antwortete 1076 auf einen Brief des Papstes:
… Du hast dich nicht gescheut, dich sogar gegen die mir von Gott verliehene königliche Gewalt zu erheben. Du hast sogar gedroht, mir die Macht zu nehmen, als hätten wir das Reich von dir. Ich, Heinrich, durch göttlichen Willen König, sage dir zusammen mit meinen Bischöfen: Steige herab, steige herab!

Zit. nach: Wir Deutschen. Fernsehserie des NDR, Drehbuch: Bernhard Dircks, gesendet 1991.

Die zwei Gewalten (M4).
Französische Buchmalerei aus dem 13. Jahrhundert. Christus verteilt die Macht. Dem Papst gibt er den Schlüssel, um den Gläubigen den Himmel aufzuschließen. Der Kaiser erhält das Schwert, um die Christen zu schützen.

Heinrich IV. auf der Burg Canossa (M5).
Buchmalerei um das Jahr 1114.
Heinrich IV. bittet die Markgräfin Mathilde von Tuszien und den Abt Hugo darum, beim Papst ein gutes Wort für ihn einzulegen.

Hier habt ihr das Sagen

1. Wie kam es zum Streit zwischen König Heinrich und Papst Gregor (Text, M1–M4)?

2. Spielt die Szene nach, die in Bild M5 dargestellt ist. Wie könnte das Gespräch verlaufen?

3. Hier sind die Meinungen Heinrichs IV. und Gregors VII. durcheinander geraten. Ordne sie beiden in einer Tabelle zu:
- Nur ich darf Bischöfe einsetzen.
- Ich darf den Kaiser absetzen.
- Steige herab vom Papstthron.
- Mir müssen die Fürsten die Füße küssen.
- Gott allein hat mich zum König gemacht.
- Ich schließe dich aus der Kirche aus.
- Keiner muss dir mehr gehorchen.
- Ich habe das Reich nicht von dir erhalten.

Papst	Kaiser
Ich darf den Kaiser absetzen	

Glaube – Herrschaft

Bete und arbeite

Nach diesem Grundsatz leben bis heute Frauen und Männer, die sich entschlossen haben in ein *Kloster* zu gehen.

Ein Kloster – was ist das?

Vor 1500 Jahren gründete *Benedikt von Nursia* in Süditalien ein Kloster. Er und seine Freunde wollten ungestört von anderen Menschen Gott mit Gebet und Arbeit auf besondere Weise dienen. Sie verpflichteten sich auf Besitz zu verzichten, nicht zu heiraten und anderen Menschen Gutes zu tun. Sie waren *Mönche* geworden, die sich *Benediktiner* nannten.

Nach ihrem Vorbild entstanden in Europa viele Klöster. Auch Frauen gründeten Klöster und lebten als *Nonnen* nach den gleichen Regeln wie die Mönche. Berühmt wurde die Äbtissin (Leiterin eines Frauenklosters) *Hildegard von Bingen,* die auch medizinische Bücher schrieb.

Hätten Klosterschüler damals Briefe nach Hause geschrieben, hätte man sicher darin lesen können, wie es in einem Kloster zuging.

Auch heute gibt's noch Nonnen und Mönche. Ein Mönch repariert ein Auto (oben; M1), eine Nonne in der klostereigenen Gärtnerei (rechts; M2).

Schreibender Mönch (M3). *Buchmalerei aus dem 12. Jahrhundert.*

Mönche beim Gebet und bei der Arbeit (M4). *Buchmalerei aus dem 13. Jahrhundert .*

Ein Leben in Armut?

Das fromme Leben der Nonnen und Mönche beeindruckte viele Menschen. Reiche Männer und Frauen schenkten den Klöstern Land und manchmal auch Geld. Als Gegenleistung sollten die Nonnen und Mönche für sie beten. So kam es, dass viele Klöster reich wurden. Und manche Mönche und Nonnen lebten nicht mehr nach den strengen Regeln des heiligen Benedikt. Sie aßen und tranken viel, bauten prunkvolle Kirchen und benahmen sich wie vornehme Damen und Herren. Deswegen zogen diejenigen Mönche und Nonnen aus ihren Klöstern fort, die wieder nach den alten Regeln in Armut leben wollten. Sie gründeten an anderen Orten neue Klöster und gaben ihren Gemeinschaften neue Namen.

Lies und arbeite!

1. Trage in eine Liste die Tätigkeiten ein, die die Mönche und Nonnen im Kloster verrichteten. Lies dazu Bennos Brief und schau dir die Bilder M3 und M4 an.

2. Nenne die Regeln, nach denen Mönche und Nonnen seit Jahrhunderten in den Klöstern leben. Vermute, warum sie sich diese Regeln gaben.

3. Beschreibe die Bilder M1 und M2.

4. Findet heraus, ob in eurer Nähe ein Kloster liegt. Erkundigt euch, ob ihr es besichtigen könnt. Wenn dort noch Mönche oder Nonnen leben, dürft ihr sie bestimmt nach ihrem Leben und ihrer Arbeit im Kloster fragen. Vergesst aber nicht, euch vorher anzumelden und bereitet Fragen vor, z. B.: Wie alt ist das Kloster? Welche Berufe haben die Mönche oder Nonnen? Wie ist ihr Tagesablauf?

Der Islam

Die Araber blieben fast
Was hatten sie im

Mesquita-Moschee in Córdoba (M1). 665 Säulen stützen die Decke und 200 Leuchter erleuchteten damals das Innere dieser berühmten Moschee in Córdoba. Überhaupt war das damalige Córdoba das Zentrum islamischer Kultur und Wissenschaft in Europa.

Die Araber kommen nach Spanien

Im Jahr 711 eroberten die Araber große Teile Spaniens. Sie gehörten der Religion des Islam an, sodass von nun an hier – wie später auch in anderen europäischen Gebieten – über mehrere Jahrhunderte Menschen zweier Weltreligionen nebeneinander lebten – Christen und Muslime.
Für die Eroberer war vieles in Europa fremd. Die Kultur, Bildung, aber auch die Lebensgewohnheiten der Menschen waren anders. Es gab beispielsweise keine Schulen und wissenschaftliche Einrichtungen. Ganz anders war es in den Gebieten, aus denen die Araber kamen: der heutigen Türkei, Syrien, Jordanien, Israel, Irak, Iran und auf der arabischen Halbinsel.

Mit der Eroberung kam die Kultur

Anfangs bezeichneten die Spanier die Araber als ungebildete Barbaren – zu Unrecht, wie sich bald herausstellen sollte. Denn in den folgenden Jahrhunderten taten die Araber viel für die Entwicklung Spaniens. Sie bauten Städte mit Krankenhäusern, Schulen, Universitäten, Bibliotheken und Bädern und kümmerten sich auch um die Armen. Sie legten Bewässerungskanäle für die Äcker an. Auf dem jetzt fruchtbaren Land wurden nun viele Frucht- und Gemüsesorten angebaut.

Die Araber förderten die Wissenschaft und bald kamen Gelehrte aus der ganzen damals bekannten Welt in die islamischen Städte, besonders nach Córdoba und Granada.

Unter der Herrschaft der Araber lebten Muslime, Christen und auch Juden lange Zeit friedlich miteinander.

„Sie wollen lernen … (M2)

Ein gebildeter Christ aus Córdoba schreibt um das Jahr 854 über den Einfluss der arabischen Kultur und Wissenschaft auf die Christen:

Viele meiner Glaubensgenossen lesen die Gedichte und Märchen der Araber, sie studieren die Schriften der muslimischen Theologen und Philosophen, um zu lernen (…). Ach, all die jungen Christen, die sich durch ihr Talent bemerkbar machen, kennen nur die Sprache und Literatur der Araber! (…) Sie legen sich große Bibliotheken davon an. Redet man ihnen dagegen von christlichen Büchern, so antworten sie mit Geringschätzung.

Zitiert nach: Sigrid Hunke, Allahs Sonne über dem Abendland. Frankfurt/M. 1990, S. 338.“

Die Belagerung Wiens, 1683 (ganz rechts, M4). *Ölgemälde eines unbekannten Meisters.* Die islamischen Krieger drängen von rechts kommend gegen das am Ende siegreiche deutsche Reiterheer.

Für Christen, Muslime und alle anderen

1. Beschreibe, auf welchen Wegen der Islam nach Europa kam (M3). Überprüfe, in welchen Ländern, die von den Kriegszügen betroffen waren, heute noch der Islam die Staatsreligion ist.

2. Lies den Text und stelle in einer Tabelle gegenüber: „Spanien vor dem Einzug der Araber“ und „Spanien nach dem Einzug der Araber“. Beachte M2.

3. Schlage in einem Lexikon nach, was du dort über die Stadt Córdoba findest. Schreibe auf, welche arabischen Einflüsse für diese Stadt dort genannt werden.

4. Erläutere, wie der Christ aus Córdoba den Einfluss der arabischen Kultur und Wissenschaft auf die Christen sieht (M2) und warum er darüber verärgert ist.

kommt nach Europa

800 Jahre in Europa.
„Gepäck“, als sie kamen?

Der Islam breitet sich aus (M3)

Und so ging's weiter:

732 Die Araber dringen über Spanien bis nach Frankreich vor. Dort werden sie von Karl Martell, einem Führer der Franken, zurückgeschlagen.

11. Jahrhundert Ein türkisch-islamisches Reitervolk erobert Syrien und Palästina.

1453 Die Türken erobern Konstantinopel (heute: Istanbul) und machen es zur Hauptstadt. Die christliche Kirche Hagia Sophia wird eine islamische Moschee.

1529 und 1683 Die muslimischen Türken dringen bis Wien vor und belagern die Stadt. Sie können allerdings zurückgeschlagen werden.

1798 Napoleon erobert Ägypten. Damit beginnt die Herrschaft der Europäer über einige islamische Länder.

Was die Araber

Wer glaubt, in Technik und Wissenschaft hätten die Europäer schon immer die Nase vorn gehabt, irrt gewaltig. Die Araber waren uns da weit voraus ...

Reisen bildet

Auf ihren Kriegszügen kamen die Araber auch nach Griechenland, wo sie die alte griechische Kultur kennen lernten. Dort fanden sie Bibliotheken mit Werken griechischer Gelehrter. Zwar gehörten diese Kulturgüter den „Ungläubigen", aber der Koran, das heilige Buch des Islam, forderte dazu auf, auch von deren Kultur zu lernen.

Bereits im Jahr 830 n. Chr. gründete der Kalif *Al Mamun* eine Art Forschungszentrum in Bagdad, das „Haus der Weisheit". Hier wurden die Werke von Gelehrten aus der damals bekannten Welt gesammelt, ins Arabische übersetzt und studiert. Die bekanntesten Gelehrten wurden nach Bagdad eingeladen, gleichgültig, ob sie Muslime, Juden oder Christen waren.

Die Blüte der islamischen Wissenschaft

Die Ergebnisse der arabischen Forschung, besonders in der Mathematik, Astronomie, Geografie, Physik, Chemie und Medizin, waren beeindruckend: Die arabischen Wissenschaftler bestimmten als Erste den Erdumfang und führten das Rechnen im Zehnersystem ein, das wir heute noch verwenden. Sie entwickelten um 1000 n. Chr. den ersten Erdglobus und ihre geographischen Karten erreichten eine bis dahin nicht gekannte Genauigkeit.

Arabische Ärzte hatten Operationsbestecke, z. B. die Knochensäge, entwickelt. Mit ihnen waren sie in der Lage, auch komplizierte Operationen durchzuführen. Sogar die Betäubung war bekannt, sodass die Patienten keine Schmerzen ertragen mussten.

Als etwa um 1200 die ersten Universitäten in Deutschland gegründet wurden, benutzte man arabische Lehrbücher. Sie mussten allerdings erst ins Lateinische übersetzt werden, der damaligen Sprache der Wissenschaft im Abendland.

Astrolabium (M1). Mit dieser arabischen Erfindung konnte man seinen Standort mit Hilfe der Sterne bestimmen. Besonders für die Orientierung auf hoher See war das Astrolabium sehr wichtig. Auch sonst waren die arabischen Astronomen dem Abendland weit voraus: Schon um das Jahr 1000 behauptete der Astronom *Al-Biruni,* dass sich die Erde um die eigene Achse und gleichzeitig mit den Planeten um die Sonne drehe.

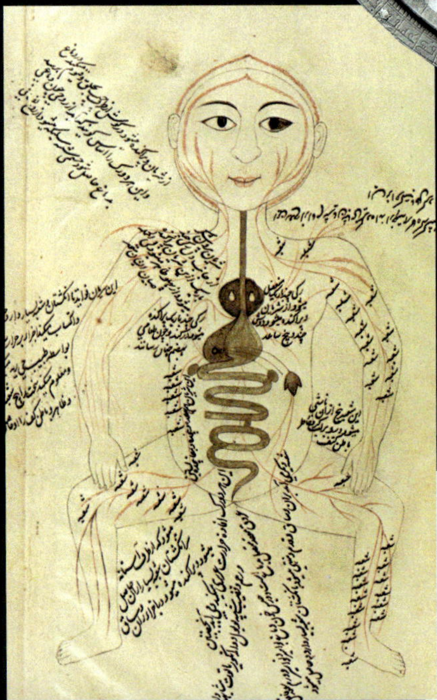

Blutkreislauf (M3): Mediziner wie *Ar-Rasi* beschrieben das Krankheitsbild der Pocken, versüßten bittere Arzneimittel, verwendeten Gipsverbände bei Knochenbrüchen und beschrieben als Erste den Blutkreislauf.

Wörter arabischer Herkunft (M2):

Algebra, Alkohol, Baldachin, Benzin, Chemie, Chiffon, Damast, Fanfare, Gitarre, Ingwer, Jasmin, Lack, Laute, Marzipan, Massage, Matratze, Orange, Quark, Reis, Sofa, Spinat, Watte, Zucker, Zimt.

„Radkarte" – Christliche Darstellung der Welt in Form eines Rades (rechts; M4). Sie stammt aus einem englischen Buch des 13. Jahrhunderts. In der Mitte die Heilige Stadt Jerusalem.

alles wussten

0123456789

Ziffern (M7). Die Ziffern, die wir heute verwenden, verdanken wir den Arabern. Sie führten schon 776 n. Chr. das Rechnen nach dem Zehnersystem ein.

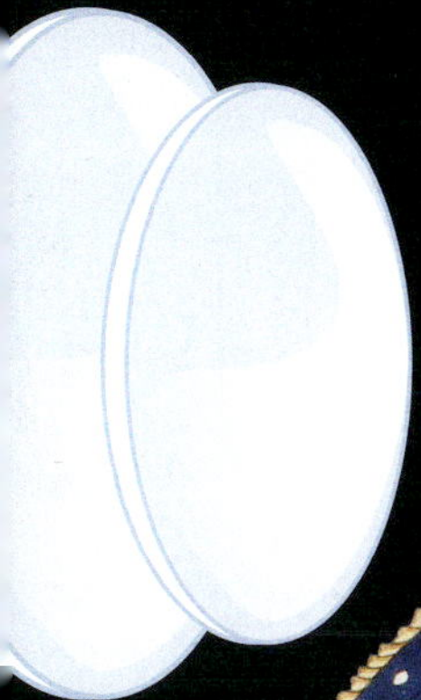

Linsen (M6) sind auch eine Erfindung der Araber, denn schon 1038 verwendete *Ibn al Haitam* Linsen als Vergrößerungsgläser. Die Araber waren also auch in der Technik weiter als die Europäer. Und schon um 880 baute der Arzt *Firnas* eine Flugmaschine, mit der er sich in der Luft halten konnte.

Weltkarte (oben; M5) des arabischen Geographen *El-Idrisi* (1154). Für die arabischen Eroberungszüge waren genaue Karten wichtig.

Wer ist der bessere Arzt? (M8)

Ein islamischer Beamter hatte den Kreuzfahrern (vgl. S. 26–29) einen tüchtigen Arzt geschickt. Dieser sollte die kranken „Franken" kurieren. Sehr schnell kehrte der Arzt wieder zurück:

„Wie hast du nur so schnell die Kranken geheilt?", fragten wir ihn erstaunt. „Man brachte mir einen Reiter, an dessen Bein sich ein Geschwür gebildet hatte", erwiderte der Arzt. (…) „Dem Reiter habe ich ein Zugpflaster aufgelegt. Das Geschwür brach auf und nahm einen gutartigen Verlauf (…)."

Da kam ein fränkischer Arzt hinzu und sagte: „Der [islamische] Arzt versteht nicht, [die kranken Kreuzfahrer] zu heilen." Darauf wandte er sich an den Reiter mit der Frage: „Was ist dir lieber: zu leben mit einem Bein oder zu sterben mit zwei Beinen?" Der antwortete: „Leben mit einem Bein." Dann sagte der fränkische Arzt: „Holt mir einen starken Reiter mit einem scharfen Beil (…)" und befahl dem Reiter: „Schlag ihm das Bein mit einem einzigen Axthieb ab!" (…) Da floss das Mark des Beines aus und der Unglückliche starb zur Stunde. (…)

Ich fragte die Leute: „Habt ihr noch eine nötige Verrichtung für mich?" Sie antworteten: „Nein", und so ging ich, nachdem ich von ihrer Heilkunst gelernt hatte, was mir bis dahin unbekannt (…) war.

Aus Sigrid Hunke, Allahs Sonne über dem Abendland. Stuttgart 1967, S. 109 f.

Und was weißt du?

1. Nennt anhand des Textes, M8 und der Bilder mit ihren Legenden die Wissenschaften, in denen arabische Gelehrte geforscht haben.

2. Vergleicht die Heilmethoden des arabischen und des fränkischen Arztes (M8). Stellt euch vor, einer von euch ist der arabische Arzt und erzählt seinem Freund von dem Erlebnis. Spielt diese Szene der Klasse vor.

3. Betrachtet die christliche und die arabische Karte (M4 und M5). Stellt fest, worin sie sich unterscheiden.

„Befreit das

„Auf nach Jerusalem!"

Im Jahre 1070 hatte ein türkischer Volksstamm die Heilige Stadt Jerusalem erobert. Der Kaiser von Byzanz, auf dessen Gebiet Jerusalem lag, rief den Papst um Hilfe. Die Christen aus ganz Europa sollten die Heilige Stadt und das Grab Christi aus den Händen der „Ungläubigen" befreien. Vor allem aber wollte der Kaiser sein Land zurückerobern.

Papst Urban II. rief 1095 alle Gläubigen zum Kriegszug ins Heilige Land auf. Tausende hefteten sich ein Kreuz aus rotem Stoff an ihre Kleidung und zogen los. Später nannte man sie *Kreuzfahrer* und ihren Krieg *Kreuzzug*.

Warum lockt Jerusalem?

Der Papst hatte allen, die am Kreuzzug teilnahmen, versprochen, dass ihnen ihre Sünden vergeben werden.

Es gab aber auch noch andere Gründe: Viele Adlige meinten, es gehöre zu ihrer Ehre, für die Kirche zu kämpfen. Daneben ging es ihnen aber auch um Reichtum, denn im Heiligen Land lockte reiche Beute. Arme Bauern wollten ein neues Leben ohne Elend und Unterdrückung beginnen. Auch Abenteurer aller Art zog es nach Jerusalem.

Auf dem Weg nach Jerusalem

45 000 Ritter und 30 000 Mann Fußvolk brachen 1096 zum ersten Kreuzzug auf. 4 000 km lagen vor ihnen. Gleich zu Beginn des Kreuzzuges ermordeten Kreuzfahrer in Köln, Trier, Speyer und Worms 12 000 Juden. Mit deren geraubtem Besitz finanzierten sie ihre Ausrüstung. In Ungarn und auf dem Balkan gingen die Grausamkeiten weiter. Im Jahre 1099 erreichten 20 000 Kreuzfahrer nach großen Strapazen die Tore Jerusalems.

Papst Urban II. ruft zum Kreuzzug auf (M1). *Holzschnitt aus dem 15. Jahrhundert.*

Der 1. Kreuzzug (1096–1099; M2).

Heilige Land!“

Im Namen Gottes taten Christen manchmal Dinge, die eigentlich gar nicht zu ihnen passten. Doch reden sollte man darüber, zum Beispiel über die *Kreuzzüge*.

Ein Kreuzfahrer leistet einen Eid (M3).
Aus einer mittelalterlichen Buchmalerei.

Christus führt die Kreuzritter in den Kampf (M5).
Buchmalerei aus dem 15. Jahrhundert. Der Maler hat einen Satz aus der Bibel dargestellt: „Jeder nehme sein Kreuz und folge mir.“

Den Kreuzfahrern auf den Fersen

1. Erläutere, warum es zu den Kreuzzügen kam.

2. Ein Ritter, Bauer, Bettler und ein Dieb unterhalten sich, warum sie am Kreuzzug teilnehmen. Spielt diese Szene. Die Angaben im Text helfen euch dabei.

3. Beschreibe das Bild M5. Gehe besonders auf die Darstellung von Jesus Christus ein.

4. Beschreibe den Weg der Kreuzfahrer auf der Karte M2. Nimm einen Atlas zur Hilfe und nenne die heutigen Länder, durch die sie zogen. Durch welche Städte kamen sie, welche Gebirge mussten sie überqueren und welche Flüsse durchschwimmen?

5. Verfasse mit Hilfe des Textes und M6 ein Flugblatt, in dem du die Kreuzfahrer und ihre Grausamkeiten anklagst.

Mit Ochsenkarren nach Jerusalem (M4)

In einem Bericht über die Kreuzfahrer heißt es:

„Selbst die Armen wurden von so glühendem Eifer entflammt (…). Ihr hättet bei dieser Gelegenheit wahrhaft wunderliche und sehr zum Lachen reizende Dinge sehen können. Arme Leute beschlugen die Hufe ihrer Ochsen nach Art der Pferde mit Eisen, spannten sie vor zweirädrige Karren, luden darauf ihre winzigen Vorräte und ihre kleinen Kinder und zogen sie so hinter sich her. Und sobald die kleinen Kinder ein Schloss oder eine Stadt erblickten, fragten sie eifrig, ob das jenes Jerusalem sei, zu dem sie auf dem Weg waren.“

Zit. nach: Guibert von Nogent, in: R. Pernoud: Die Kreuzzüge in Augenzeugenberichten. Düsseldorf 1962, S. 27 f.

„Jeder lebte von Mord und Plünderung …“ (M6)

Über die Taten der Kreuzfahrer in Ungarn wird berichtet:

„Getrieben von abscheulicher Wut, setzten die Kreuzfahrer die öffentlichen Getreidespeicher in Brand, entführten die jungen Mädchen und taten ihnen Gewalt an (…). Sie rissen ihren Wirten den Bart aus und versengten ihn. Keiner dachte mehr daran, die Dinge, die er brauchte, zu kaufen. Jeder lebte, wie er konnte, von Mord und Plünderung, und alle brüsteten sich mit unbegreiflicher Frechheit, sie würden bei den Türken ebenso hausen.“

Zit. nach ebenda: S. 32.

Die Kreuzritter

Ein Christ und ein Muslim beschreiben die Einnahme Jerusalems. Es lohnt sich darüber nachzudenken.

Die Kreuzfahrer erobern Jerusalem (M1). *Buchmalerei aus dem 13. Jahrhundert.*

Quellentexte berichten von der Eroberung Jerusalems

Als die Kreuzritter nach Jerusalem kamen, waren die Stadttore fest verschlossen. Die Einwohner bereiteten alles für die Verteidigung der Stadt vor. Fast sechs Wochen belagerten die Kreuzritter die Stadt, dann begann der Angriff.

Wurfmaschinen schlugen Breschen in die Stadtmauer und die Angreifer drangen in die Stadt ein. Was dann geschah, kannst du in Quellentexten nachlesen. Zwei werden auf dieser Doppelseite vorgestellt, die von Männern geschrieben wurden, die damals dabei gewesen sind. Einer gehörte zu den Siegern, der andere zu den Besiegten.

Um den Inhalt schriftlicher Quellen gut zu verstehen, ist es ratsam einige Hinweise zu beachten, die auf dieser Doppelseite vorgestellt werden.

Aufgaben zum Nachdenken

1. Beschreibe anhand von M1, wie die Kreuzritter Jerusalem erstürmten.

2. Werte die beiden Quellen M2 und M3 aus und schreibe die Ergebnisse in dein Heft. Beachte die Hinweise „Schriftliche Quellen befragen".

3. Spielt folgende Szene: Ein Kreuzritter ist nach der Eroberung Jerusalems von muslimischen

erobern Jerusalem

Sie mordeten und plünderten (M2)

Der arabische Gelehrte Ibn al-Atir erzählt:

Die Franken [Kreuzritter] wandten sich also gegen Jerusalem, nachdem sie die Stadt Akkon erfolglos belagert hatten, und hielten es nach ihrer Ankunft mehr als vierzig Tage lang eingeschlossen. Sie errichteten zwei Türme (…). Die Franken nahmen die Stadt von der Nordseite, morgens am Freitag, dem 15. Juli 1089. Die Einwohner wurden ans Schwert geliefert, und die Franken blieben eine Woche in der Stadt, während deren sie die Einwohner mordeten. Eine Gruppe von diesen suchte Schutz in Davids Bethaus, verschanzte sich dort und leistete einige Tage Widerstand. Nachdem die Franken ihnen das Leben zugesichert hatten, ergaben sie sich. Die Franken hielten den Vertrag. In der Al-Aqsa-Moschee dagegen töten sie siebzigtausend Muslime (…). Aus dem Felsendom raubten die Franken mehr als vierzig Silberleuchter (…), außerdem von den kleinen Leuchtern 150 silberne und mehr als 20 goldene, und andere unermessliche Beute.

Zit. nach: F. Gabrielli, Die Kreuzzüge aus arabischer Sicht. Zürich/München 1973, S. 50f.

Ein gerechtes Urteil Gottes? (M3)

Ein unbekannter Kreuzfahrer erzählt:

Wie die Feinde sahen, dass die Unseren die Mauern besetzt hatten und dass der Herzog Gottfried bereits mit seinem Heere in die Stadt eingebrochen war, flüchteten sie von den Türmen und Mauern in die Straßen. Sofort durchzogen der Herzog und die, welche mit ihm waren, in geschlossenen Reihen, mit gezückten Schwertern und mit Schilden und Helmen bedeckt, die Straßen und Plätze der Stadt und streckten alle Feinde, die sie finden konnten, ohne auf Alter und Rang Rücksicht zu nehmen, mit der Schärfe des Schwertes nieder. Und es lagen überall so viel Erschlagene und solche Haufen abgeschlagener Köpfe umher, dass man keinen anderen Weg oder Durchgang mehr finden konnte als über Leichen. Auch diejenigen, die sich in den Tempel Salomons geflüchtet hatten, entgingen dem Blutbad nicht. Sie drangen mit einer Menge von Reitern und Fußvolk herein und stießen, ohne jemand zu schonen, was sie fanden, mit den Schwertern nieder und erfüllten alles mit Blut. Es war dies ein gerechtes Urteil Gottes (…).

Zit. nach: Die Kreuzzüge in Augenzeugenberichten. Hg. von R. Pernoud, München 1961, S. 100ff.

Truppen gefangen genommen worden. Er wird vor ein muslimisches Gericht gestellt und muss zu seinen Taten Stellung nehmen. Die Rollen: ein christlicher Kreuzritter, ein muslimischer Ankläger, ein Richter und zwei Beisitzer. Am Ende fällen der Richter und seine Beisitzer ein Urteil.

4. Die Johanniter-Unfallhilfe und der Malteser-Hilfsdienst haben ein bestimmtes Symbol. Finde heraus, welches das ist, und zeichne es in dein Heft.

Und so ging es weiter mit den Kreuzfahrern:

1099 Jerusalem wird christliches Königreich.

nach 1100 Weitere Kreuzzüge finden statt und mehrere Kreuzfahrerstaaten entstehen. Diese werden später durch die Araber zurückerobert.

1187 Die Araber unter Führung Sultan Saladins erobern Jerusalem.

1291 Die Kreuzfahrer verlassen Akkon, ihre letzte Festung in Palästina.

Die Johanniter-Unfallhilfe (M4) geht auf den Orden der Johanniter zurück, der 1099 in Jerusalem gegründet wurde. Die Johanniter kämpften nicht nur als Kreuzritter, sondern pflegten auch Kranke und Verletzte.

Gewusst wie

Schriftliche Quellen befragen

1. **Finde heraus,** wer die Quelle schrieb. Woher hat der Verfasser oder die Verfasserin seine oder ihre Informationen und für wen hat er / sie geschrieben?
2. **Lies** die Quelle sehr genau durch. Vielleicht musst du sie auch mehrmals lesen. Lass dir unbekannte Begriffe und was du sonst in der Quelle nicht verstehst erklären.
3. **Gib mit eigenen Worten den Inhalt der Quelle wieder:**
   - Worüber berichtet die Verfasserin / der Verfasser?
   - Was stellt sie oder er ausführlich dar?
   - Worüber wird nichts oder wenig gesagt?
4. **Stelle fest,** welche Meinung die Verfasserin / der Verfasser hat und woran man dies erkennt.
5. **Sage deine Meinung** darüber, wie die Verfasserin / der Verfasser berichtet hat. Tauscht dazu eure Gedanken in der Klasse aus.

Glaube – Herrschaft

mitmischen!

Feste feiern

**Wer feiert nicht gern?
Viele unserer Feste gibt es seit Jahrhunderten.
Aber wer weiß schon, warum sie gefeiert werden …?**

Den Festen auf der Spur

Wisst ihr eigentlich, warum in Mainz zur Karnevalszeit die Narren auf den Straßen tanzen? Oder: Woher kommt das Wort „Karneval" eigentlich?

Geht doch mal auf Spurensuche. Viele Spuren führen in die Religionen. Macht euch auf den Weg und findet sie …

Und so könntet ihr vorgehen:

Nehmt eine Tapetenrolle und teilt sie in 12 Abschnitte ein, für jeden Monat einen. Damit habt ihr einen Kalender, den ihr gemeinsam gestalten könnt. Setzt euch in einen Stuhlkreis und tragt zusammen, welche Feste ihr im Jahr feiert. Schreibt sie auf Karten, die ihr an eine Pinnwand heftet.

Bildet nun Gruppen. Jede Gruppe wählt dann ein Fest oder zwei Feste aus und gestaltet für jeden Feiertag ein Kalenderblatt. Dazu müsst ihr herausbekommen, wie die Feste entstanden sind, wann und wie sie gefeiert werden.

Besorgt euch zuerst Informationen. Ihr könnt in die Bibliothek gehen oder eure Eltern fragen. Auch die Religionslehrerin oder der Religionslehrer können weiterhelfen, natürlich auch ein Pfarrer oder ein Mitglied der islamischen Gemeinde.

Schreibt das Wichtigste auf ein Blatt Zeichenkarton und gestaltet es: Ihr könnt Bilder malen, Fotos oder Glückwunschkarten aufkleben, Lieder, Gedichte oder Gebete abschreiben oder ein leckeres Festrezept vorstellen.

Zum Schluss stellt jede Gruppe ihr Ergebnis vor und klebt ihr Kalenderblatt an die richtige Stelle eures Klassenkalenders. Achtung! Manche Feste finden nicht immer im gleichen Monat statt.

Hängt euren Kalender im Klassenzimmer auf und überlegt euch, ob ihr das eine oder andere Fest in der Klasse feiern wollt.

wie sie fallen

Juli August September Dezember

dieses Jahr im Mai

Ramazan Bayrami

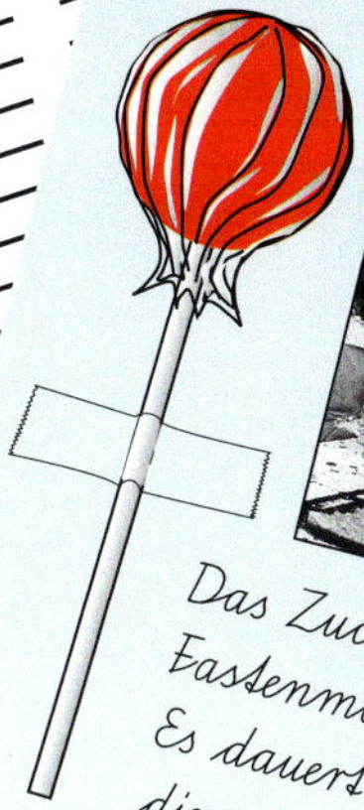

Das Zuckerfest findet am Ende des Fastenmonats Ramadan statt. Es dauert drei Tage. Uns besuchen an diesen Tagen Freunde und Verwandte. Jeder erhält ein Geschenk. Ich bekomme dann viele süße Sachen.

Januar

Heilige Drei Könige

Mit meinen Freunden und Freundinnen gehen wir in den ersten Tagen im Januar zum Sternsingen. Als die Heiligen Drei Könige verkleidet ziehen wir von Haus zu Haus und bitten um Geschenke für die Kinder in den armen Ländern.

KINDERMISSIONSWERK
Die Sternsinger

März oder April

Ostern

Ostern ist das älteste christliche Fest. Die Christen feiern die Auferstehung Jesu, der am Karfreitag gekreuzigt wurde.
Das Färben, Verstecken und Suchen der Ostereier macht mir großen Spaß.

Kaiser, Christen

Im Festsaal des Schlosses findet eine Ausstellung zum Thema *„Kaiser, Christen und Muslime im Mittelalter“* statt. Sie ist fast fertig, aber ein paar Aufgaben gibt es schon noch zu erledigen. Du kannst dabei helfen.

Tausende zogen ins Heilige Land. 1099 wurde die Stadt Jerusalem erobert.

NAC

Der Islam breitete sich über große Teile Europas aus. Der Löwenhof in Granada (Spanien) ist ein Beispiel für die hohe Kunst der arabischen Architektur.

EN

Karl der Große wurde im Jahre 800 vom Papst zum Kaiser gekrönt. Den christlichen Glauben verbreiten – das war eines seiner wichtigsten Ziele.

NAND

und Muslime

Und so könnt ihr mithelfen:

- Ordnet Bilder und Texte einander zu.
- Wenn die Reihenfolge der Texte stimmt, könnt ihr an den eingekreisten Buchstaben von rechts nach links die Lösung erkennen. Sie besagt, wie Menschen unterschiedlicher Religion zusammenlebten sollten.
- Findet für jede Stellwand eine passende, aber möglichst kurze Überschrift.
  Schreibt eure Vorschläge auf Zettel.
- Legt die Zettel mit den Überschriften an die richtige Stelle.

Tipp: Es macht mehr Spaß,
wenn ihr zu zweit oder in Gruppen arbeitet.

König Heinrich IV. bittet auf der Burg Canossa die Markgräfin Mathilde von Tuszien und Abt Hugo um Unterstützung, damit Papst Gregor VII. ihn wieder in die Kirche aufnehme. **DE**

Bete und arbeite – das war der Leitspruch der Mönche und Nonnen. Sie taten viel für die Verbreitung von Wissenschaft und Bildung. **ERE**

In den Kreuzzügen wurde viel Blut vergossen. Aber es gab auch Freundschaft und Versöhnung zwischen christlichen und muslimischen Rittern. **HT**

Bauer,

Bremer Mittelalterlich' Spectaculum (M1). Jährlich findet dieses Fest auf den Bremer Osterdeichwiesen statt.

Jahr für Jahr finden auf vielen Burgen Ritterturniere statt. Für die Besucher ist das oft ein großes Erlebnis. Nicht nur weil sie tapfere Ritter und schöne Burgfräuleins bewundern können. Sie werden in eine längst vergangene Zeit zurückversetzt – in das Leben der Menschen im Mittelalter.

Damals spielten die Bäuerinnen und Bauern eine große Rolle. Wie sah ihr Leben aus und wie schafften sie es, sich und die Bürger in den Städten zu versorgen?

Die Städte gewannen im Laufe der Zeit immer größere Bedeutung. Manche wurden schon vor 1000 Jahren gegründet. Für die Bürgerinnen und Bürger war es wichtig, selbst über die Entwicklung ihrer Stadt zu entscheiden. Die Freiheit ging ihnen über alles und dafür kämpften sie auch. Wie sah der Alltag der Kaufleute, Handwerker und der Armen in der Stadt aus? Welche Rechte hatten damals die Frauen, wenn es darum ging, in der Familie und in der Stadt mitzubestimmen?

Und was unterschied die Edelleute von den Bauern und Bürgern?

Auf diese und viele andere Fragen will das Kapitel eine Antwort geben.

In diesem Kapitel erfahrt ihr …

wie die Ritter kämpften und ihre Damen verehrten …

Der Ritter und Dichter Wolfram von Eschenbach (M2). *Aus der Manessischen Liederhandschrift (14. Jahrhundert).*

wie die Bäuerinnen und Bauern von ihren Herren unterdrückt wurden …

Bauern überreichen ihrem Herrn Abgaben (M3). *Holzschnitt, Augsburg 1479.*

Bürger, Edelmann

wie sich vieles im Leben und in der Arbeit der Bauernfamilien veränderte …

wie die Bürger damals in den Städten lebten …

und wer in der Stadt das Sagen hatte.

Räderpflug um 1300 (M3). Mit dieser neuen Technik gelang es, die Ernteerträge beträchtlich zu erhöhen.

Schreinerwerkstatt (M5). Auch Frauen arbeiteten in den Werkstätten ihrer Männer mit.

Ratsversammlung in Augsburg (M6). Hier wurden alle wichtigen Probleme der Städtebürger entschieden.

Hinter Mauern

Ritter und Burgen

Zwischen dem 10. und 14. Jahrhundert entstanden überall in Deutschland Burgen. Die Burgherren, die Ritter, legten sie so an, dass sie von ihnen aus einen Fluss, ein Tal oder auch eine Handelsstraße einsehen konnten. Die Burgen waren der Landschaft angepasst: Wo es gebirgig war, ließen die Ritter auf Bergkuppen oder Felsvorsprüngen Höhenburgen bauen. Auf einer Insel oder an einer Flussgabelung errichteten sie Wasserburgen.

Mit der Burg, eine Festung aus Stein, wollten die Ritter zunächst einmal ihre Macht zeigen. Sie war ihr Wohnsitz und bot den Burgbewohnern und den Bauern der umliegenden Dörfer Schutz. Außerdem verwaltete die Familie des Ritters von hier aus ihren Besitz.

Das Leben auf der Burg

Die Burg war eine kleine Stadt für sich mit Wohnräumen, Stallungen und Verteidigungsanlagen. Im Herrenhaus wohnte die Familie des Ritters. Hier befanden sich der Rittersaal, *Palas* genannt, und die Gemächer für die Frauen und Kinder. Die Knechte und Mägde wohnten in den Nebengebäuden. Sie arbeiteten in Haus und Hof und versorgten das Vieh, das in den Stallungen untergebracht war.

Angenehm war das Burgleben nicht. Es war finster und kalt in den Räumen der Burg. Fackeln erzeugten ein düsteres Licht. Nur wenige Räume konnten beheizt werden. Auch die Wasserversorgung bereitete den Burgbewohnern häufig Sorgen. Das Wasser musste aus tiefen Brunnen mit einer Winde an die Oberfläche geholt werden.

Besonders hart waren die Winter. Oft waren die Burgbewohner durch Schnee und Eis von der Außenwelt abgeschnitten und froren. Verglaste Fenster gab es sehr selten. Und selbst Häute vor den Fensteröffnungen konnten die Feuchtigkeit und Kälte kaum abhalten.

Die Belagerung

Damals gab es viele Kriege und nicht selten wurden die Burgen monatelang belagert. Im Schutze der Zinnen und Schießscharten wehrten sich die Verteidiger mit Pfeil und Bogen oder mit einer Armbrust. Steine, heißes Wasser und Pech schütteten sie auf die Angreifer herab. Aber spätestens, wenn die Lebensmittelvorräte ausgingen, sah es für die Verteidiger der Burg schlecht aus.

Belagerung einer Burg (M1).
Französische Buchmalerei aus dem 14. Jahrhundert.

Gemütlichkeit auf der Burg? (M2)

Der Ritter Ulrich von Hutten beschreibt 1518 die Burg so:

„Sie [die Burg] ist von Mauern und Gräben umgeben, innen ist sie eng und durch Stallungen für Vieh und Pferde zusammengedrängt. Daneben liegen dunkle Kammern, vollgepfropft mit Geschützen, Pech, Schwefel (...). Überall stinkt es nach Schießpulver; und dann die Hunde und ihr Dreck, auch das – ich muss es schon sagen – ein lieblicher Duft! (...) Man hört das Blöken der Schafe, das Brüllen der Rinder, das Bellen der Hunde, das Rufen der auf dem Feld Arbeitenden, das Knarren und Rattern der Fuhrwerke (...); ja sogar das Heulen der Wölfe hört man in unserem Haus (...).“

Zit. nach: A. Borst, Lebensformen im Mittelalter, Berlin 1979, S. 174.

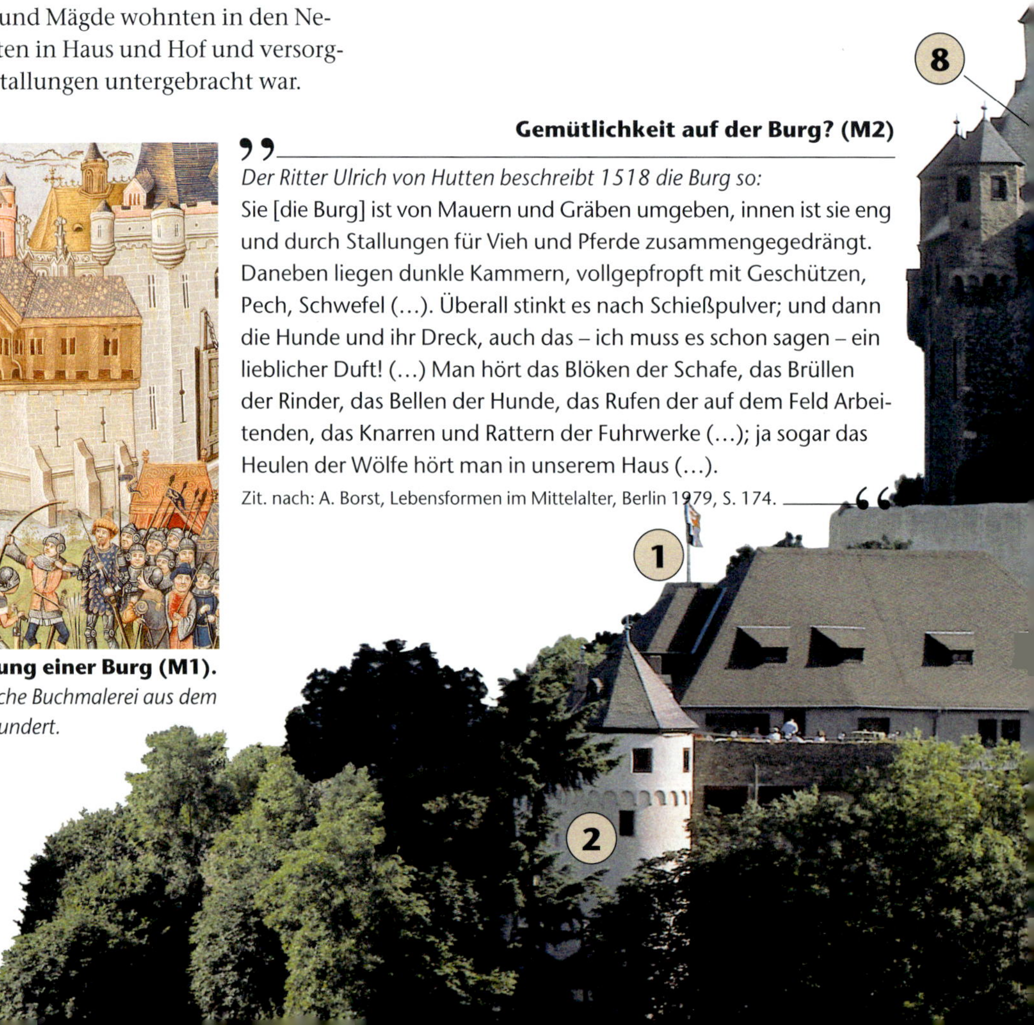

und Zinnen

Burgen laden auch heute noch zu Abenteuern ein. Aber war das Leben auf der Burg tatsächlich ein Abenteuer?

Lexikon

Ritter

Ursprünglich waren sie Reiterkrieger des Königs, die für ihre Dienste ein Lehen erhielten. Seit dem 12. Jahrhundert gehörten zum Ritterstand auch die Dienstmannen des Königs, die seinen Besitz von Burgen aus verwalteten (vgl. auch S. 16–17).

Kemenate

Wohnraum der Burgherrin, oft der einzige beheizbare Raum auf der Burg.

Die Marksburg bei Braubach am Rhein (M3).

1 Äußeres Tor mit Zugbrücke, Graben
2 Wehrtürme
3 Burgmauern mit Wehrgang und Schießscharten, dahinter Zwinger
4 Inneres Tor
5 Burgvogt-Turm
6 Herrenhaus (Palas)
7 Oberstes Tor
8 Saalbau mit Rittersaal und Kemenate, darunter Küche
9 Bergfried mit Verlies
10 Kapellenturm
11 Brunnen und Zisterne

Aufgaben für Burgen-Fans

1. Ritter Kuno und seine Frau Mathilde führen ihre Gäste durch ihre neue Burg. Wie würde dein Rundgang aussehen und wie würdest du die einzelnen Teile der Burg den Gästen beschreiben? M3 und der Text helfen dir dabei.

2. Schreibt zwei Berichte über das Leben auf der Burg:
a) aus der Sicht der Burgherrin,
b) aus der Sicht einer Küchenmagd.

3. Fritz und Beate, zwei Schüler, sind unterschiedlicher Meinung:
Fritz: „Ich hätte damals gern als Ritter auf der Burg gelebt." – Beate: „Damals auf der Burg zu leben war das Letzte."
Wem würdest du zustimmen? Begründe deine Meinung. Setze dich dabei auch mit der Quelle M2 auseinander.

4. Burgen wurden oft belagert. Die Bewohner bereiteten sich darauf vor. Erstelle eine Liste, was sie alles beachten mussten. M1 und M3 helfen dir dabei.

Edelknabe,

Zwei Ritterkinder stellen sich vor: Tristan und Bettina. Ihre Namen und Lebensläufe sind erfunden. Aber aus Berichten von damals wissen wir, dass ihre Jugend sich so oder so ähnlich zugetragen haben könnte.

Edelknabe Tristan erzählt …

Als ich sieben war, schickten mich meine Eltern auf die Burg meines Onkels. Ich sollte zum Edelknaben ausgebildet werden. Mit den anderen Jungen lernte ich, was von einem Ritter erwartet wird: gute Manieren bei Tisch, Ehrlichkeit, rücksichtsvoll und höflich gegenüber Damen zu sein. Daneben erhielt ich Gesangsunterricht und lernte ein Instrument zu spielen.

Der Ritter Walter von Klingen besiegt einen Gegner im Turnier (M1). *Buchmalerei aus dem 14. Jahrhundert.*

Wie alle anderen Jungen erwartete ich ungeduldig meinen 14. Geburtstag. An diesem Tag wurde ich *Knappe* des Ritters Berthold. Er brachte mir bei, Lanze und Schwert zu gebrauchen und den Speer zu werfen. Auch Reiten, Laufen und Springen gehörten zur Ausbildung. Besonders aufregend waren für mich die Tage, an denen ich Ritter Berthold auf der Jagd begleiten durfte. Später nahm ich auch an seinen Kriegszügen teil.

Als ich 21 Jahre alt wurde, war mein großer Tag gekommen: Die Ausbildung war beendet. Endlich wurde ich feierlich zum Ritter geschlagen.

Lexikon

Turnier

Im Turnier kämpften zwei oder mehrere Ritter gegeneinander. Durch Mut und Geschicklichkeit wollten die Kämpfer den adligen Damen gefallen.

Augenzeugenbericht zu einem Turnier (M2)

„Das Turnier währte den ganzen Tag. Manches Bein wurde entzweigeritten! Viele Ritter stürzten beim Aufeinanderprallen besinnungslos zu Boden. Wer vom Pferd gestoßen wurde, verlor dieses und hatte noch den Spott davonzutragen. Der eine kämpfte um die Ehre, der andere des Gewinnes wegen, manch einer aber auch zum Ruhm der Frauen. Als der Abend kam, lag der Kampfplatz voll von gebrochenen Speeren (…).

Aus: G. Guggenbühl/H. C. Huber, Quellen zur allgemeinen Geschichte 2, Nr. 102, Zürich 1979, S. 254. “

Ritterfräulein

Ritter und Burgherrin – Traumberufe? Wie siehst du das Leben der vornehmen Damen und Herren „mit ihren feinen Sitten und ihrem guten Benehmen"?

Ritterfräulein Bettina berichtet …

In meiner Erziehung spielte „höfisches" Benehmen eine wichtige Rolle. Immer wieder sagten mir meine Erzieherinnen, wie ich mich als Dame zu verhalten habe: Ich lernte, keine langen schnellen Schritte zu machen, den Blick zu senken, wenn ich einem hohen Herrn begegne und dass es sich nicht gehört, einen fremden Mann anzureden. Um meine Gäste zu unterhalten, lernte ich singen, ein Musikinstrument spielen, aber auch das Schachspiel und weitere Gesellschaftsspiele.

Andere „Unterrichtsfächer" waren Lesen und Schreiben. Denn, wenn mein Mann im Krieg ist, muss ich als künftige Herrin die Burg mit ihren Ländereien verwalten.

Außerdem lernte ich kochen und das Schneidern von Kleidern. Ich erhielt sogar eine „medizinische" Ausbildung: Heilkräuter zu bestimmen, daraus Salben herzustellen und Krankheiten zu heilen.

Der Markgraf von Brandenburg und seine Frau beim Schachspiel (M3). *Buchmalerei aus dem 14. Jahrhundert.*

Ritterliche Aufgaben

1. Schreibe die Lebensläufe von Tristan und Bettina in Kurzform.

2. Für die Eltern von Bettina und Tristan ist es beschlossene Sache: Beide werden heiraten. Spielt eine Szene, in der die Eltern beraten, welche Aufgaben ihre Kinder später als Burgherrin und Burgherr erfüllen müssen.

3. Wieder einmal findet ein Ritterturnier statt und Walter von Klingen ist dabei. Schreibt darüber einen kurzen Bericht. Beachtet dabei M1 und M2.

4. Zähle auf, welche Verhaltensweisen Ritterfräulein und Edelknaben lernen mussten. Welche sind heute noch zutreffend, welche sind überholt?

Bauer, Bürger, Edelmann

Gewusst wie

Im Märzen der

Vielleicht kennst du dieses Volkslied über den fleißigen Bauern. Im Mittelalter war es nicht leicht, eine Bäuerin oder ein Bauer zu sein. Doch ohne sie kam niemand aus.

Bauernhöfe vor über 800 Jahren

In Deutschland sind heute nur noch 5 von 100 Menschen in der Landwirtschaft tätig. Vor 800 Jahren dagegen waren fast alle Menschen Bauern.
Die Dörfer sahen ganz anders aus als heute. Die Höfe der Bauern lagen weit verstreut, umgeben von dichten Wäldern und ausgedehnten Sümpfen.

Die Bauernhütten waren einfach gebaut: Zuerst setzten die Bauern ein Balkengerüst. Die Balken verbanden sie mit einem Geflecht aus Weidenruten, in das eine Mischung aus Lehm und Stroh geschmiert wurde. Später benutzte man auch Feldsteine zum Bau. Fenster hatten die Hütten nicht, nur viereckige Löcher, die meist mit Häuten bespannt waren. Mensch und Tier lebten unter einem Dach, das aus Stroh, Schilf oder bestenfalls Holzschindeln bestand.

Bauernalltag

Der Arbeitstag der Familie begann mit dem Sonnenaufgang. Zuerst versorgten die Bäuerin und der Bauer das Vieh. Zum Frühstück gab es eine Schale Getreidebrei oder ein Stück Brot aus dunklem groben Mehl. Gewöhnlich ging es dann aufs Feld.

Alle mussten mithelfen, auch die Kinder. Erst als es dunkel wurde, kam die Familie nach Hause. Aber Feierabend war noch lange nicht:
Die Kühe, Ziegen, Hühner und Gänse mussten gefüttert werden. Der Bauer reparierte die Arbeitsgeräte und seine Frau besserte die Kleidung aus.

Frauen bei Erntearbeiten (M2). *Miniatur aus dem Jungfrauenspiegel, Ende des 12. Jahrhunderts.*

Die Bäuerin hat selten frei

Arbeit hatte die Bäuerin mehr als genug: Sie holte Wasser, wusch, putzte und sorgte für die Mahlzeiten. Sie bestellte den Garten, verkaufte Obst und Gemüse auf dem Markt, oft viele Kilometer vom Dorf entfernt.

Die Bäuerin fütterte das Vieh, melkte die Kühe, Schafe und Ziegen. Auch auf dem Feld arbeitete sie mit. Selbst im Winter gab es kein Ausruhen: Dann schor sie die Schafe, spann die Wolle, webte und schneiderte.

Schnitt durch ein mittelalterliches Bauernhaus (M1). So könnte es auf einem Bauernhof ausgesehen haben.

Bauer

Ein Bild erzählt von der Arbeit auf dem Lande

Schriftliche Berichte über das Leben auf dem Lande vor über 800 Jahren gibt es kaum. Doch ein Maler aus der damaligen Zeit erzählt uns in Bildern über das Leben der Menschen vor über 1 200 Jahren.

Es ist nicht einfach zu beschreiben, was der Künstler alles dargestellt hat. Es besteht die Gefahr, dass wir uns die Bilder viel zu schnell anschauen. Dann können wir manches Interessante nicht erfahren. Um Bilder „zum Sprechen zu bringen", muss man sehr genau hinsehen.

Schau dir z. B. den Bildausschnitt zum Monat Juni an: Du siehst einen Mann beim Pflügen. Sieh genauer hin: Wie ist er bekleidet? Auf jeden Fall anders als ein Landwirt heute, nicht mit Hemd und Hose, sondern mit einem losen Gewand.

Schau dir nun den Pflug genauer an: Es ist ein primitiver Holzpflug, mit dem man nicht sehr tief in die Erde gelangt, sondern sie höchstens aufritzen kann.

Jetzt betrachte die Tiere, die den Pflug ziehen. Vielleicht sind es Ziegen? Der Mann treibt sie mit einer Art Rute an.

Wenn du nun über das Bild nachdenkst, dann kommst du vielleicht zu dem Ergebnis, dass die Feldarbeit für die Menschen und Tiere damals sehr schwer gewesen sein muss und dass die Ernteerträge sicherlich sehr niedrig waren.

Von der Arbeit auf dem Lande im frühen Mittelalter (M3).
Ausschnitt aus der Karolingischen Handschrift aus Salzburg, um 818.

Nicht nur für Kinder aus dem Dorf

1. Beschreibe ein mittelalterliches Bauernhaus (M1).

2. Erzählt anhand des Textes und M2 vom Bauernalltag damals.

3. Stellt Gemeinsamkeiten und Unterschiede im Leben einer Bäuerin damals und heute fest.

4. Erläutert, warum in der Bauernwirtschaft alle mitarbeiten mussten – der Bauer, die Bäuerin und auch die Kinder.

5. Du kannst auswählen: Bringe das Monatsbild August oder September (M3) zum Sprechen.

Gewusst wie

Bilder zum Sprechen bringen

1. **Betrachte** das Bild zunächst als Ganzes. Sage in wenigen Sätzen, was es darstellt.
2. **Beschreibe** jetzt die Einzelheiten näher. Lass dir Zeit dabei.
3. **Versuche herauszufinden,** wie sich die Personen zueinander oder auch wie die Personen sich zu abgebildeten Gegenständen verhalten.
4. **Denke darüber nach,** was dir das Bild über das Leben der Menschen erzählt. Vielleicht erfährst du auch etwas über ihre Gedanken, Gefühle, Wünsche und Hoffnungen.
5. **Beachte,** dass der Maler im Bild das dargestellt hat, was ihm oder seinem Auftraggeber wichtig war. Andere, vielleicht auch du, hätten ganz anders gemalt. Worauf hättest du besonders geachtet?

„Hightech“

Das Mittelalter dauerte fast 1 000 Jahre. Vieles veränderte sich in dieser Zeit. Auch in der Landwirtschaft ...

Anweisungen des Königs zur Waldrodung (M1)

„Unsere Wälder sollen sorgsam überwacht werden, und unsere Verwalter sollen dort, wo es einen Platz zum Roden gibt, diesen roden lassen und nicht zulassen, dass sich die Felder an der Stelle der Wälder ausdehnen. Und sie sollen dort, wo es Wälder geben muss, nicht zulassen, dass sie zu stark beschnitten oder beschädigt werden und sie sollen auch auf unser Wild in den Wäldern achten ...

Monumenta Germaniae Historica, Bd. I. Hannover 1883.“

Für junge Landwirtschaftsexperten

1. Vergleiche die neuen Arbeitsmethoden und Arbeitsgeräte mit den alten. Welche Auswirkungen hatten sie auf die Arbeit der Bäuerin und des Bauern?

2. Spielt folgende Szene: Bauer Friedhelm will die Bäuerinnen und Bauern seines Dorfes von den neuen Arbeitsmethoden und Arbeitsgeräten überzeugen. Einige Bäuerinnen/Bauern lassen sich die Neuheiten von Friedhelm genau erklären. Sie stellen viele Fragen und sind nicht so schnell zu überzeugen.

3. Zähle die Maßnahmen des fränkischen Königs zum Schutz der Wälder auf (M1). Was wird heute unternommen, um unsere Wälder zu schützen?

4. Noch heute erinnern Ortsnamen – z. B. mit den Endungen -wald, -tann, -rode, -brand – an die Zeit der Rodungen. Suche solche Ortsnamen aus deiner Gegend.

5. Bauer Heinrich plant die Bestellung seiner drei Felder für die nächsten drei Jahre. Im Herbst möchte er Wintergetreide aussäen (Dinkel und Roggen). Im Frühjahr sät er Sommergetreide (Hafer und Gerste). Stelle für Heinrich einen Plan auf. Das Schaubild M2 kann dir dabei helfen.

Neues Land durch Rodungen

In den Jahren 800 bis 1200 nahm die Bevölkerung in Europa stark zu. Die Zeit der Städtegründungen (vgl. S. 52/53) begann. Es wurde immer schwieriger, alle Menschen zu ernähren, denn es fehlte an Weide- und Ackerland. Deshalb rodeten die Bauern die dichten Wälder,um Felder anzulegen und Höfe zu bauen.

Zimperlich ging man dabei nicht vor: Der Wald wurde niedergebrannt und die Baumstümpfe aus dem Boden gerissen. Anschließend pflügten die Bauern das neu gewonnene Land und bereiteten die Saat vor.

Von der Zweifelder- zur Dreifelderwirtschaft

In dieser Zeit gab es einige Verbesserungen in der Landwirtschaft. Wir wissen heute nicht genau, wie es dazu kam. Auf alle Fälle erkannten die Bauern, dass mit den alten Geräten und der bisherigen Art der Feldbestellung die Erträge kaum noch zu steigern waren.

Bisher hatten die Bauern ihr Ackerland in zwei Teile aufgeteilt. Ein Teil wurde bestellt, der andere Teil lag brach und wurde als Viehweide benutzt, wodurch der Boden gleichzeitig gedüngt wurde. Im nächsten Jahr war es umgekehrt.

Jetzt setzte sich immer mehr eine neue Anbaumethode durch – die *Dreifelderwirtschaft* löste die Zweifelderwirtschaft ab. Wie die Dreifelderwirtschaft funktioniert, kannst du in der Skizze M2 erkennen. Die Dreifelderwirtschaft brachte höhere Erträge und die Menschen konnten besser mit Nahrungsmitteln versorgt werden.

Mit dem Hakenpflug erntete der Bauer um das Jahr 800 auf diesem Feld 100 kg Getreide.

damals

Noch mehr Erfindungen

Ein neues Pferdegeschirr: Statt Leinen, die den Pferden den Hals zuschnürten, legte man ihnen das *Kummet* um, einen „gepolsterten Kragen“. Die Pferde konnten jetzt ihre Kraft besser einsetzen und wurden auch nicht mehr so schnell müde.

Die Fruchtfolge bei der Dreifelderwirtschaft (M2).

Erfindungen für die Landwirtschaft

Im Laufe der Zeit wurden immer bessere Geräte entwickelt. Sie trugen nicht nur dazu bei, die Ernteerträge zu steigern. Sie halfen auch, die schwere Arbeit der Bäuerinnen und Bauern zu erleichtern.

Mit einigen neuen Erfindungen konnte die Kraft der Tiere besser genutzt werden und sie ermüdeten nicht mehr so schnell.

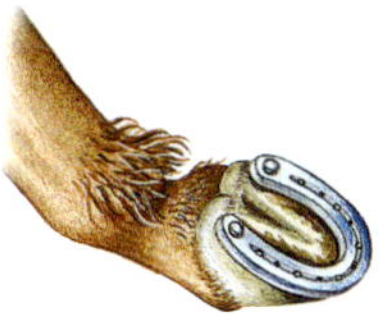

Das Hufeisen: Die Pferde hielten noch länger durch, wenn man ihre Hufe mit Eisenbeschlägen gegen Verletzungen durch Steine schützte. Das Beschlagen der Hufe tut den Pferden nicht weh.

Die Sense: Mit der Sense brauchten die Bäuerin und der Bauer sich nicht mehr so tief zu bücken. Ihre Rücken wurden dadurch geschont und sie konnten auch schneller arbeiten.

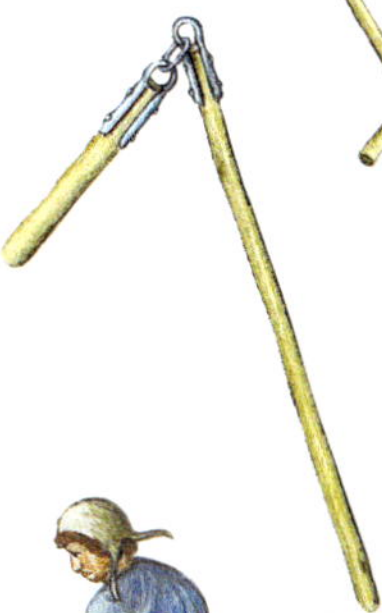

Der Dreschflegel: Das Getreide wird gedroschen, um die Getreidekörner aus der Ähre herauszulösen. Bisher taten das Tiere, die auf dem Getreide herumtrampelten. Viele Körner wurden dabei zertreten oder verschmutzt. Mit dem Dreschflegel änderte sich das.

Mit dem neuen Räderpflug erntete der Bauer 500 Jahre später auf dem gleichen Feld 200 kg Getreide.

„Was nützt

Wer von euch möchte nicht frei sein? Doch im Mittelalter gaben viele Bauern sogar freiwillig ihre Freiheit auf.

Bauern übergeben ihrem Herrn die Abgaben (rechts; M1). *Holzschnitt, Augsburg 1479.*

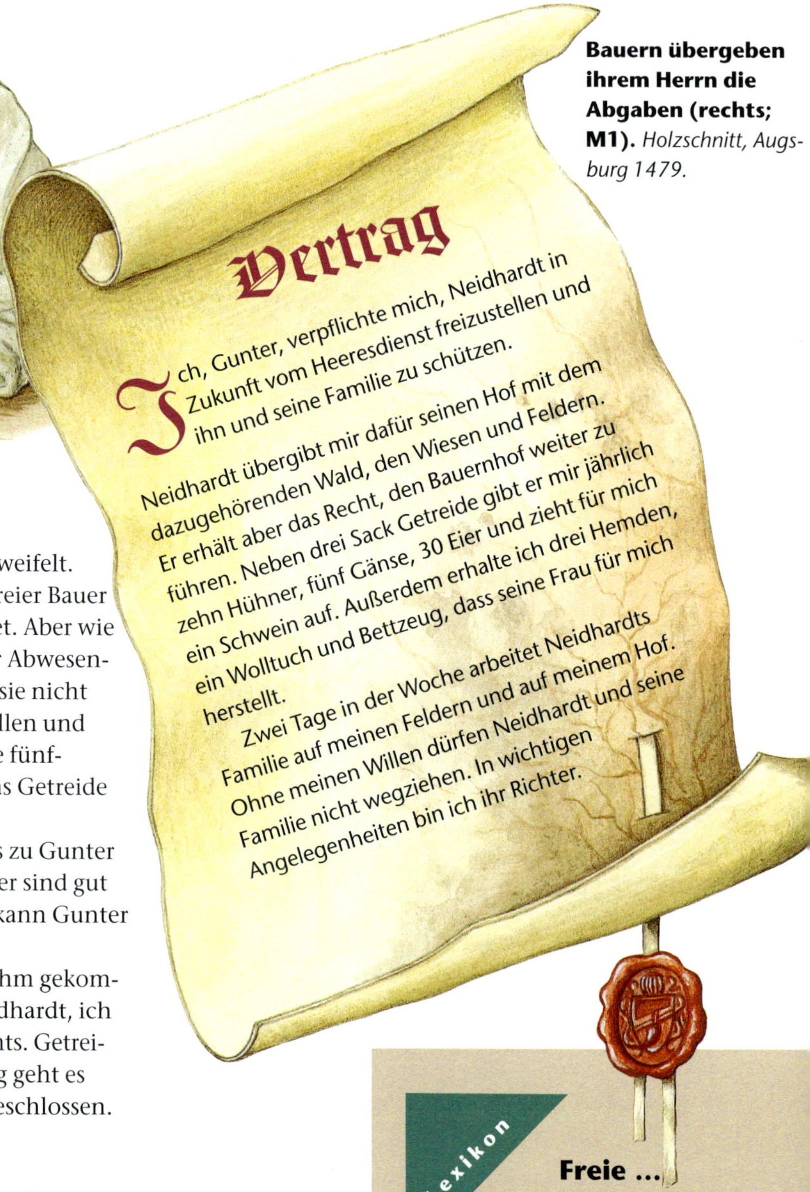

Ein schwerer Gang

Es ist September und Bauer Neidhardt ist verzweifelt. Von April bis September war er im Krieg. Als freier Bauer ist er dem König zum Heeresdienst verpflichtet. Aber wie sehen jetzt nach sechs langen Monaten seiner Abwesenheit die Felder aus? Frau und Kinder konnten sie nicht allein bestellen. Die Ernte ist schlecht ausgefallen und bald ist Winter. Wie soll Neidhardt dann seine fünfköpfige Familie ernähren und woher soll er das Getreide für die neue Aussaat nehmen?

Es bleibt Neidhardt nichts anderes übrig als zu Gunter zu gehen. Gunter besitzt viel Land. Seine Felder sind gut bestellt und die Ernte ist reichlich. Vielleicht kann Gunter Neidhardt etwas borgen.

Gunter ahnt bereits, warum Neidhardt zu ihm gekommen ist. Wohlwollend sagt er: „Du weißt, Neidhardt, ich will dir helfen, aber verschenken kann ich nichts. Getreide will ich dir geben, aber ohne Gegenleistung geht es nicht.“ Ein Vertrag wird zwischen beiden abgeschlossen.

Unfreie Bauern

So wie Neidhardt erging es im Mittelalter vielen Bauern. Sie verloren ihre Freiheit und wurden Abhängige eines Grundherrn. Manche von ihnen hatten noch weniger Rechte als Neidhardt. Als Knechte, Mägde und Handwerker arbeiteten sie auf dem Hof des Grundherrn, in dessen Haus oder auf seinen Feldern. Da sie keine Einkünfte hatten, konnten sie nur wenige Abgaben leisten. Oft war das nur ein Huhn oder eine Taube, um zu zeigen, dass ihr Herr über sie bestimmte.

Lexikon

Freie …

Ein freier Bauer konnte über seinen Hof und seine Felder frei verfügen. Er konnte hinziehen, wohin er wollte. Dem König musste er Heeresdienst leisten. Das Gericht durfte ihn nicht zu Prügelstrafen verurteilen.

mir meine Freiheit?“

Bäuerlicher Abgabenkalender (M2).
Aus der Heidelberger Bilderschrift des Sachsenspiegels.
In dieser Sammlung über das damals gültige Recht wurde genau festgelegt, welche Abgaben die Bauern im Laufe des Jahres an ihren Grundherrn leisten mussten. Am 1. Mai musste der Bauer beispielsweise Lämmer abliefern (siehe oberste Zeile des Bildes).

Bauern wehren sich

Im Laufe des langen Mittelalters nahm die Zahl der freien Bauern immer mehr ab. Am Ende des 15. Jahrhunderts gab es nur noch sehr wenige. Die Grundherren erhöhten immer wieder die Abgaben. Immer öfter mussten die Bauern auf dem Hof und auf den Feldern des Grundherrn arbeiten. Manchmal war die Not der Bauern so groß, dass sie Aufstände gegen ihre Herren anzettelten. In vielen Augen war das unerhört. Denn damit verstießen sie gegen den Gedanken, dass diese Ordnung von Gott geschaffen sei und deshalb nicht bekämpft werden dürfe.

… und unfreie Bauern

Ein unfreier (abhängiger) Bauer unterstand einem Herrn. Er musste ihm Abgaben zahlen und Dienste leisten. Dafür stand er unter seinem Schutz und wurde nicht zum Heeresdienst eingezogen. Das Gericht konnte ihn zu Prügelstrafen verurteilen.

Ganz ohne Zwang

1. Nenne die Gründe, warum der freie Bauer Neidhardt von Gunter abhängig wurde (Text).

2. Stellt die Vorgänge auf Bild M1 nach. Überlegt euch, welches Gespräch zwischen den Personen gerade geführt wird. Verteilt folgende Rollen: Beauftragter des Grundherrn, sein Gehilfe und mehrere Bäuerinnen und Bauern.

3. Der Hof einer Bauernfamilie verarmt immer mehr. Die Bäuerin und der Bauer sitzen abends zusammen und überlegen, wie sie einen Ausweg aus ihrer Not finden können. Spielt diese Szene nach.

4. Beschreibe in wenigen Sätzen, worin sich ein freier Bauer von einem unfreien Bauern unterscheidet (Lexikon).

5. Liste auf, welche Abgaben und Dienste Bauer Neidhardt für seinen Grundherren Gunter leisten musste.

Auf dem

Fronen heißt ins heutige Deutsch übersetzt „Herrschaftsdienst“. Die abhängigen Bauern „fronten“ ihrem Grundherrn. Dabei spielte der *Fronhof* eine große Rolle.

Wie der Grundherr „alles in den Griff bekam“

Der Grundherr lebte auf dem Herrensitz. Oft besaß er mehrere Dörfer, in denen abhängige Bauern für ihn arbeiteten.

Es war für den Grundherrn nicht leicht, „aus der Ferne“ die Arbeit seiner Untertanen zu beaufsichtigen. Außerdem mussten noch die Abgaben der Bauern eingetrieben werden. Für diese Aufgaben setzte der Grundherr *Meier* ein, die von einem *Fron- bzw. Meierhof* aus alles organisierten.

Ein Morgen auf dem Fronhof

Es ist sieben Uhr morgens. Auf dem Fronhof ist schon viel los. Die Mägde und Knechte haben bereits mit der Arbeit begonnen. Als leibeigene Bäuerinnen und Bauern leben sie auf dem Fronhof und verrichten alle Arbeiten in Haus und Hof, aber auch auf den Feldern ihres Grundherrn. Sie haben keinen eigenen Besitz und auch kaum Rechte. Ständig sind sie den Launen des Meiers ausgesetzt, ohne sich wehren zu können. Auch die Handwerker, meist leibeigene Bauern, sind schon fleißig bei der Arbeit.

Es ist nun acht Uhr geworden und die hörigen Bauern sind mit ihren Familien auf dem Fronhof eingetroffen. Sie unterscheiden sich von den Leibeigenen. Hörige Bauern haben einen eigenen Hof, der ihnen vom Grundherrn zur Nutzung überlassen wurde. Dafür müssen sie ihm Abgaben und Frondienste leisten.

Inzwischen ist der Meier erschienen und teilt die hörigen Bauern für verschiedene Arbeiten ein: Einige sollen im Wald arbeiten, andere legen neue Wege an und bauen eine Brücke über den Fluss. Die meisten Bauern werden zur Feldarbeit herangezogen.

Die Bäuerinnen werden für Gartenarbeiten eingeteilt und die Kinder müssen Honig sammeln.

Zum Schluss erinnert der Meier die Bauernfamilien daran, dass morgen die jährliche Getreideabgabe auf dem Fronhof abzuliefern ist.

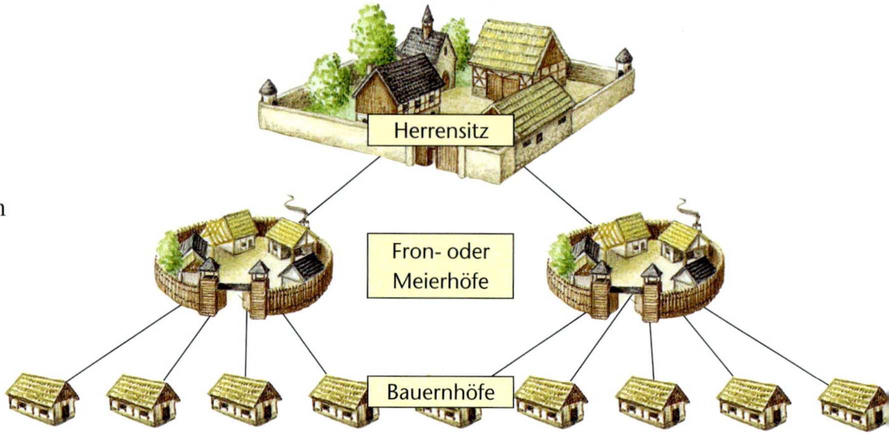

Herrenhof, Fronhof und Bauernhof (M2).

Bauern bei der Fronarbeit auf dem Herrenland. Der Meier beaufsichtigt sie (M1).
Buchmalerei aus dem 14. Jahrhundert.

Fronhof

Ein Bauer beklagt sich (M4)

Ein Bauer und ein „gebildeter Herr" im Gespräch:

Herr: Bauer, wie verrichtest du deine Arbeit?

Bauer: O Herr, meine Arbeit ist sehr schwer. Ich stehe auf, wenn es Tag wird, treibe die Ochsen auf das Feld und spanne sie vor den Pflug. Sei der Winter auch (...) streng, ich wage es nicht, im Haus zu bleiben, aus Furcht vor meinem Herrn. Jeden Tag muss ich das Land pflügen (...).

Herr: Hast du Gehilfen?

Bauer: Ich habe einen Jungen, der treibt die Ochsen mit einem Stock an, aber er ist jetzt heiser und erkältet vom vielen Schreien in der Kälte.

Herr: Was tust du sonst noch den Tag über?

Bauer: Freilich ist das nicht alles. Ich muss die Krippen der Ochsen mit Heu füllen, ihnen Wasser geben und den Dung fortschaffen.

Herr: Ja, ja, das ist sehr schwere Arbeit!

Bauer: Ganz recht, es ist sehr schwere Arbeit, und ich muss sie tun, denn ich bin nicht frei.

Aelfric's Colloquy. Zit. nach: Hans-Chr. Kirsch (Hg.), England aus erster Hand. Würzburg 1969, S. 336–339. Bearbeitet vom Verfasser.

Ein Bischof setzt sich für die Bauern ein (M5)

Aus der Lebensbeschreibung des Bischofs Meinwerk von Paderborn (gest. 1036):
Die Fronhöfe des Bistums besuchte er häufig. Dabei versuchte er, die schlechte Lage der Bauern zu verbessern (...). Der Bischof setzte durch, dass die Bauern zur Erntezeit von den Meiern mit Speise und Trank versorgt werden (...). Als seinerzeit eine große Hungersnot ausgebrochen war, schickte er Boten, um in Köln Getreide zu kaufen. Zwei damit beladene Lastkähne ließ er in sein Land bringen und ordnete an, wie die Meier (...) das Getreide verteilen sollten: ein Teil an das Gesinde, ein Teil für die bedürftigen hörigen Bauern nach der Zahl der Hausbewohner, der dritte Teil sollte Saatgut sein, der vierte für die Bettler.

Vita Meinwerci, hg. v. Tenckhoff 1921, MGH rer. Germ. in us. schol. S. 78–80. Bearb. vom Verfasser.

„Abgaben" für Schülerinnen und Schüler

1. Beschreibt ausführlich, was ihr alles auf dem Fronhof seht. Überlegt dabei, was zum Fronhof gehört, welche Menschen dort arbeiten und was sie auf dem Fronhof machen (M3).

2. Wo lebten der Grundherr, der Meier, die Mägde und Knechte und die hörigen Bauern (M2)?

3. Spielt das Gespräch zwischen dem Bauern und dem „gebildeten Herrn" (M4) nach. Beachtet dabei besonders, wie der Bauer seine Beziehung zum Grundherrn beschreibt. Auch M1 kann euch eine Hilfe sein.

4. Der Bauer in M4 beklagt sich bei Bischof Meinwerk über seinen Grundherrn. Daraufhin schreibt Meinwerk diesem einen Brief. Er stellt dar, wie er sich gegenüber Not leidenden Bauern verhält (M5). Überlegt euch, was der Grundherr dem Bischof antwortet.

Fronhof (M3). *Rekonstruktionszeichnung.*

Probieren geht

Wenn ihr mehr über das Leben der Bauern damals erfahren wollt, geht in ihre Küche.

Zurück ins Mittelalter

Kochbücher könnt ihr in jedem Buchladen kaufen. Aber habt ihr schon einmal eines mit Rezepten aus dem Mittelalter gesehen? Tatsächlich gibt es solche Kochbücher. Und selbstverständlich auch über Bauernmahlzeiten. Einige Rezepte findet ihr auf dieser Seite. Probiert doch eines aus.

Ihr könnt aber auch ein Menü zubereiten. Lest die Rezepte durch und überlegt, was alles vorbereitet werden muss. Bildet Gruppen und verteilt die Aufgaben. Alle Rezepte sind für vier bis fünf Personen gedacht.

Nicht nur das gemeinsame Kochen, sondern auch das gemeinsame Essen macht Spaß. Vielleicht habt ihr Lust euch wie Bäuerinnen und Bauern zu verkleiden. Dann geht es zu, wie damals bei den Bauern.

Kochen und Essen damals

In der mittelalterlichen Bauernküche stand keine Elektroherd und auch die uns bekannten modernen Küchengeräte fehlten. Die Bäuerin kochte am offenen Feuer. Ein großer Topf hing über der Flamme und gebraten wurde am Spieß. Ein Löffel mit kurzem Stil war das einzige Essbesteck. Ansonsten aß man mit den Fingern.

Die auf dieser Seite vorgestellten Rezepte waren für die Bauernfamilie schon fast ein Festtagsessen. Der alltägliche Speisezettel sah viel einfacher aus: Gewöhnlich gab es Mus aus Getreide oder Erbsen, Linsen und Bohnen, Kraut und Rüben, Roggen- oder Haferbrot.

Gedeckter Tisch (M1). So oder so ähnlich könnte ein gedeckter Tisch bei den mittelalterlichen Bauern ausgesehen haben.

über studieren

Brotsuppe

Zutaten:
1 Schwarz- oder Weißbrot, $1\frac{1}{2}\,\ell$ Wasser, Bratfett, 5–6 Teelöffel pulverisierte Fleisch- oder Gemüsebrühe, 100 g Hartkäse, Salz, Safran, Pfeffer, Küchenkräuter nach Wahl (Schnittlauch, Majoran, Petersilie, Dill u. a. m.)

Zubereitung:
Fett in einem Topf erhitzen. Das Brot zerbröseln und in den Topf geben. Die Brösel kurz anbraten. Die Brühe in kochendem Wasser auflösen, sie zum gerösteten Brot geben und aufkochen. Kurz bevor das Brot völlig zerkocht ist, gibt man geriebenen Hartkäse dazu.

Gebackene Zwiebeln

Zutaten:
600 g Zwiebeln, 40 g Butter oder Schmalz, 1 Esslöffel Honig, $\frac{1}{8}\,\ell$ Wasser oder Brühe, Salz, 4 Esslöffel süße Sahne, 2 Esslöffel gehackte Kräuter

Zubereitung:
Die Zwiebel schälen und in gut 1 cm dicke Scheiben schneiden. Das Fett zerlassen, den Honig darin auflösen und die Zwiebelscheiben zugeben. Kurz anbraten, Wasser oder Brühe hinzugießen und 20–30 Minuten schmoren lassen. Salzen, mit der Sahne binden und mit den Kräutern abschmecken.

Steynbrot (Fladenbrot)

Zutaten (ausreichend für 10 bis 12 Fladen):
150 g Weizenmehl, 350 g Roggenmehl, 250 g Sauerteig (fertig vom Bäcker gekauft oder selbst gemacht), 1 Päckchen Trockenhefe oder 1 Würfel Hefe, 1 Esslöffel Salz, ca. $\frac{1}{2}\,\ell$ lauwarmes Wasser (30 °C), 1 Teelöffel gemahlener Fenchel, 1 Teelöffel gemahlener Koriander, Fett für das Backblech, Mehl zum Bestäuben

Zubereitung:
Das gemischte Mehl wird in eine Rührschüssel gesiebt und in die Mitte eine Vertiefung eingedrückt. In die Vertiefung den Sauerteig und die nach Anweisung aufgelöste Hefe geben. Alle Zutaten werden mit etwas Mehl verrührt. Den Vorteig 30 Minuten zugedeckt an einem warmen Ort ruhen lassen. Anschließend salzen und mit dem restlichen Mehl kneten. Dabei nach und nach das Wasser zufügen und so lange den Teig bearbeiten, bis er weich und geschmeidig ist. Der Teig darf an den Fingern nicht mehr kleben. Die Gewürze unter den Teig mischen und 2 Stunden lang bei ca. 30 °C zugedeckt an einem warmen Ort gehen lassen. Den Teig nochmals kräftig durchkneten und 10 bis 12 Fladen (etwa 20 cm Durchmesser) formen. Auf ein gefettetes und bemehltes Backblech legen, den Teig fein bemehlen und mit einer Gabel mehrmals einstechen. Im vorgeheizten Backofen (Elektro 225 °C, Gas Stufe 4) ca. 30 Minuten ausbacken. Die Fladen sind gar, wenn sie beim Beklopfen der Unterseite hohl klingen. Anschließend werden sie herausgenommen und abgekühlt.

Schülerinnen und Schüler probieren Rezepte aus der mittelalterlichen Bauernküche aus (M2).

Die Rezepte auf dieser Seite wurden entnommen und vom Verfasser bearbeitet aus dem Buch von H. J. Fahrenkamp (Hg.): Wie man eyn teutsches Mannsbild bey Kräfften hält, Gütersloh 1986.

Alles hat

Bäuerliches Erntedankfest (M1).
Ausschnitt aus einem kolorierten Holzschnitt von Meldemann.

Auf den Dörfern wird vieles anders

Mehrmals im Jahr finden heute in den Gemeinden öffentliche Gemeinderatssitzungen statt. So ähnlich wie oben sehen die Einladungen aus. Neu ist das nicht, denn schon vor 800 Jahren begann man auf den Dörfern die Probleme selbst zu lösen.

Das war auch dringend notwendig, denn vieles hatte sich damals verändert: Die Bevölkerung war um das Dreifache gewachsen und damit wurden auch die Dörfer größer. Sie bestanden jetzt nicht mehr aus vier oder fünf Bauernhöfen, sondern oft aus fünfzehn und mehr. Manche Bauern bewirtschafteten einen Bauernhof, andere arbeiteten beim Grundherrn. Einige wenige Bauern wurden reich, andere verarmten.

Dorfversammlung und Dorfordnung

Diese Veränderungen wirkten sich auch auf das Zusammenleben der Dorfbewohner aus. Mehr und mehr ließen die Grundherren zu, dass die Bauern ihre Dörfer selbst verwalteten.

In der *Gemeindeversammlung* besprachen sie die wichtigsten Probleme. Sie wählten ihren *Dorfschulzen* (Bürgermeister), der vom Grundherrn bestätigt wurde. Die von der Gemeindeversammlung bestimmten *Bauernmeister* (Gemeinderäte) achteten darauf, dass die Beschlüsse auch eingehalten wurden. Sie vermittelten bei Streitigkeiten und verwalteten die Gemeindekasse. Außerdem wurden Männer und Frauen für Gemeindeämter gewählt: der *Gemeindehirte*, der *Forstmeister* und in manchen Dörfern auch die *Hebamme*.

In der *Dorfordnung* wurden die Termine für das Pflügen, Säen und Ernten miteinander abgesprochen, aber auch, welche Wege und Brücken gebaut werden sollten oder welche Strafen auf Raub oder Diebstahl standen. Kleine Streitigkeiten zwischen den Dorfbewohnern schlichteten die *Dorfrichter*.

Allerdings waren sehr oft nur die Bauern, die einen Hof bewirtschafteten, zur Gemeindeversammlung zugelassen. Auch die Bäuerinnen waren ausgeschlossen.

Gemeindeeigentum

Im Dorf gab es Einrichtungen, die der Gemeinde gehörten und von allen Bewohnern genutzt werden durften: die Mühle, der Backofen und das Waschhaus. In manchen Dörfern gehörten auch die Badestube, der Weinkeller und das Wirtshaus dazu. Die „Allmende" – das waren der Gemeindewald, die Gemeindewiese und die Gewässer – war ebenfalls Gemeindeeigentum. Im Laufe der Zeit wuchs die Zusammenarbeit zwischen den Dorfbewohnern und die Dorfgemeinschaft festigte sich.

seine Ordnung

Schon im Mittelalter bestimmten gewählte Dorfbewohner selbst, was in ihren Dörfern geschieht. Also, so ähnlich wie bei uns heute?

Dorfgericht unter der Linde (M2). *Aus der Luzerner Bildchronik der Diepold-Schilling, 1513.*

Was damals so alles in den Dorfordnungen stand …

… zur Benutzung der Wege (M3)

„Will einer Mist oder anderes auf sein Feld oder Korn und Heu heimfahren und muss dabei über das Gebiet eines anderen innerhalb der Grenzzäune, so darf er nur mit des Besitzers Willen, Gunst und Erlaubnis über das Gebiet fahren und den Zaun öffnen. Will der Besitzer nicht die Erlaubnis geben, so mag er zum Schultheiß [Dorfschulzen] gehen und sich von diesem die Erlaubnis holen."

Zit. nach: D. Starke, Herrschaft und Genossenschaft im Mittelalter, Stuttgart 1971, S. 75.

… zum Verhalten bei Bränden (M4)

„Wenn jemand bei Tag oder Nacht ruft: Es brennt, so soll jedermann zulaufen, Weib und Mann, alle, die retten können. Sie sollen alles mitbringen, was man zum Feuerlöschen braucht. Wer die Glocken oder das Geschrei des Volkes hört, aber trotzdem nicht mithilft, wird bestraft."

Zit. nach ebenda.

… zum Bau der Ablaufgräben (M5)

„Die Ehgräben (Ablaufgräben) sollen so breit sein, dass sich ein [ein]jähriges Schwein darin umdrehen kann."

Aus der Dorfordnung von Kyburg, 1487: In: Zeiten, Menschen, Kulturen, Band 2. Zürich 1985, S. 44.

Aufgaben „der Ordnung halber"

1. Schreibt eine Einladung zu einer Gemeindeversammlung in einem mittelalterlichen Dorf. Aus dem Text und den Quellen M3–M5 könnt ihr ableiten, wer eingeladen wurde und was damals vielleicht auf der Tagesordnung stand.

2. Was sagt ihr dazu, dass Frauen damals in der Gemeindeversammlung nicht mitbestimmen durften? Erkundigt euch, wie viele Frauen in eurer Gemeinde oder Stadt Abgeordnete sind. Für welche Aufgaben sind sie zuständig?

3. Dorfbewohner haben beim Löschen des Feuers nicht geholfen und müssen vor dem Dorfrichter erscheinen. Spielt diese Szene nach. M2 und M4 helfen euch dabei. Überlegt, ob ihr die Angeklagten bestrafen müsst. Ladet auch Zeugen.

Stadtluft

Alles hat seinen Anfang – auch eine Stadt. Ihre Entwicklung ist eng verbunden mit dem Kampf der Stadtbewohner um Freiheit.

Von der Marktsiedlung ...

Städte wie Köln, Trier, Augsburg oder Freiburg haben eine lange Geschichte. Doch wie sind sie entstanden? In der Nähe von Römersiedlungen, Burgen, Bischofssitzen, Kaiserpfalzen und Klöstern siedelten sich Handwerker und Kaufleute an. Menschen ließen sich auch dort nieder, wo es Handelsstraßen gab, Flüsse über- oder durchquert wurden, wo man Salz und Erze fand und wo es Anlegestellen für Schiffe gab. Schmiede, Töpfer, Böttcher und andere Handwerker sahen hier eine günstige Gelegenheit, ihre Erzeugnisse zu verkaufen. Kaufleute boten den Bäuerinnen und Bauern, aber auch adligen Damen und Herren ihre Waren auf dem Markt an: Tuche, Gewürze, Schmuck und anderes, was es in dieser Gegend nicht gab. Im Laufe der Zeit ließen sich immer mehr Menschen an diesen Orten nieder. Erste *Marktsiedlungen* entstanden.

... zur Stadt

Die Bewohner der Marktsiedlungen waren vielen Gefahren ausgesetzt. Am größten war die Angst vor plündernden Kriegern, Räubern und Dieben. Deshalb suchten die Bewohner den Schutz bei Königen, Fürsten, Bischöfen und Äbten. Der wurde ihnen gern gewährt, denn die Bewohner mussten dafür bezahlen. Die Schutzherren förderten dafür aber auch Handel und Handwerk.

Stolz waren die Bewohner, wenn ihnen vom Landesherren feierlich das *Stadtrecht* verliehen wurde. Dann bauten sie sich auf dem Marktplatz ein Rathaus und eine Kirche. Im *Zeughaus* lagerten sie die Waffen, denn jeder war verpflichtet, die Stadt zu verteidigen. Um ihre Häuser errichteten die Bewohner eine hohe Stadtmauer mit Wehrtürmen und bewachten Stadttoren.

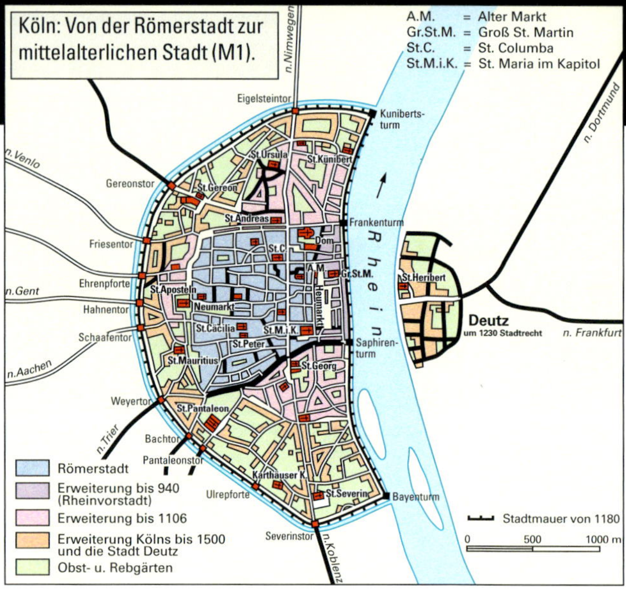

Köln: Von der Römerstadt zur mittelalterlichen Stadt (M1).

Städtebürger werden frei

Bald gelangten die Städte durch die fleißige Arbeit ihrer Bürger zu Wohlstand. Nun wollten die Stadtbewohner selbst die Stadt regieren. Einige Städte kauften sich von ihrem Schutzherrn frei. In anderen erlangten die Bürger ihre Freiheit erst nach heftigen Kämpfen. Jetzt verwaltete ein *Stadtrat* mit dem *Bürgermeister* an der Spitze die Stadt. Besonders stolz waren die Bürger derjenigen Städte, denen der Kaiser den *Freiheitsbrief* verlieh. Diese waren von nun an *freie Reichsstädte*. Sie unterstanden direkt dem Kaiser und besaßen besondere Vorrechte (Privilegien).

auf der Schedelschen Weltchronik von 1493

Köln=

aus der Schedelschen Weltchronik von 1493

macht frei

Stadtsiegel um 1400 (M2). Seit dem 12. Jahrhundert führten in Deutschland Städte eigene Siegel. Sie zeigten den Schutzheiligen der Stadt oder typische Stadtansichten (Türme, Tore, Rathäuser). Durch das Stadtsiegel wurde nachgewiesen, dass die vorliegende Urkunde oder andere Schriftstücke echt waren.

„Stadtluft macht frei“

Mancher abhängige Bauer träumte vom Leben in der Stadt, denn Städtebürger waren freie Leute: Sie waren keinem Grundherrn zu Abgaben und Frondiensten verpflichtet und konnten selbst über ihr Leben entscheiden. Wen wundert es da, wenn ein abhängiger Bauer heimlich in die Stadt flüchtete, um hier als freier Handwerker zu arbeiten. Leicht war diese Flucht nicht. Erst wenn der Bauer ein Jahr und einen Tag von seinem Grundherrn unentdeckt in der Stadt lebte, war er ein freier Mann. Dann galt auch für ihn der Spruch: „Stadtluft macht frei.“

Das mittelalterliche Köln (M5) von der Rheinseite aus gesehen. Auch 245 Jahre nach Baubeginn ist der Dom noch immer nicht fertig (im Bild rechts).

Alles zum Nutzen des Rates und der Stadt Köln (M3)

Mit folgendem Eid wurden Stadtbewohner um das Jahr 1355 in die Bürgerschaft Kölns aufgenommen:

„Dies sollen diejenigen schwören, welche man als Neubürger von Köln aufnimmt. Zum Ersten sollen sie schwören, dem Rat und der Stadt Köln treu und hold zu sein und ihren Nutzen zu fördern und Schaden [von ihr] abzuwenden, wo irgend sie davon wissen oder vernehmen; sodann der Sturmglocke zu folgen und eine volle Rüstung zu besitzen zum Nutzen des Rates und der Stadt Köln. Wenn sie diesen Eid geleistet haben, so soll man ihnen das Bürgerrecht verleihen mit der vollen Freiheit, die andere Bürger haben.“

Zit. nach: D. Starke: Herrschaft und Genossenschaft im Mittelalter, 1982, S. 88.

Bürgereid (M4). *Holzschnitt aus dem 16. Jahrhundert.* Ein Vertreter der Stadt vereidigt die Neubürger, die mit erhobener Hand geloben, die Stadtordnung zu befolgen.

Das wissen nicht nur Kölner

1. Du hast erfahren, dass die mittelalterlichen Städte an ganz bestimmten Orten entstanden. Wo entstand dein Heimatort?

2. Beschreibe anhand von M1, wie sich Köln schrittweise von der Römerstadt bis ins 15. Jahrhundert entwickelte.

3. Woran erkannte ein Reisender im Mittelalter schon von weitem, dass er sich einer größeren Stadt nähert (M5)?

4. Welche Pflichten übernahmen die Neubürger Kölns mit dem Eid (M3, M4)?

5. Erläutere die Bedeutung der Stadt für die Bauern der Umgebung, für die einheimischen und die durchziehenden Kaufleute und für die ansässigen Handwerker.

Handwerk hat

Wer heute eine Lehrstelle sucht, muss nicht unbedingt an ein Handwerk denken. Und wie war das in der mittelalterlichen Stadt?

Ohne Handwerker geht es nicht

In der mittelalterlichen Stadt waren die Handwerker gefragte Leute. Für das leibliche Wohl der Bürger sorgten Metzger, Bäcker und Bierbrauer. Natürlich wurden auch Schneider, Schuster, Weber, Zimmerer und Bauleute gebraucht. Um die Stadt zu verteidigen, waren geschickte Waffenschmiede, Kettenhemd- und Eisenhandschuhmacher unentbehrlich.

Einige dieser Berufe gibt es heute noch, andere sind ausgestorben. Kannst du dir vorstellen, was ein Harnischmacher, Drahtzieher, Teersieder oder ein Heringswäscher machte?

Die Anforderungen der Stadtbewohner und Bauern an das Handwerk stiegen. Deshalb spezialisierten sich Handwerker, wenn sie auf bestimmten Gebieten besondere Fähigkeiten erworben hatten. Im Schmiedehandwerk arbeiteten beispielsweise Huf- und Nagelschmiede, aber auch Löffel-, Pfannen- und Goldschmiede.

Frauen bei der Seidenverarbeitung (M1). *Darstellung aus dem 15. Jahrhundert.* Auch Frauen arbeiteten als Handwerkerinnen. Auf dem Bild sammelt eine Frau die Kokons der Seidenspinnerraupe, die andere webt. Die Seidenherstellung kam aus China zu uns.

Im Hause des Meisters

Die Werkstatt lag im Erdgeschoss des Fachwerkhauses. Hier arbeitete der Meister mit den Gesellen und Lehrlingen. Seine Frau führte den Haushalt und verkaufte die Waren. Sie war auch für die Erziehung der Kinder verantwortlich. Die Gesellen und Lehrlinge, aber auch die Mägde und Knechte lebten in winzigen Kammern unter dem Dach. Die Familie des Meisters wohnte im ersten Stock.

Handwerker, die denselben Beruf ausübten, hatten ihre Werkstätten in einer Straße. Namen, wie *Gerberstraße* oder *Weber-* und *Schustergasse,* erinnern noch heute daran.

Schusterwerkstatt und Laden (M2).

goldenen Boden

Zunftzeichen (M3). Jede Zunft hatte ihr Wappen oder Zunftzeichen.

Die Zünfte

Alle Meister, die das gleiche Handwerk ausübten, gehörten einer *Zunft* an. Jede Zunft hatte ihre *Zunftordnung*. Darin war festgehalten, wie man Meister wurde, wie viele Meister es in der Zunft geben und wie viele Gesellen und Lehrlinge ein Meister einstellen durfte. Auch über Menge, Qualität und Preise der Erzeugnisse gab es Vorschriften. Wer dagegen verstieß, wurde bestraft. Nur in wenigen Berufen, so bei den Garnmachern, konnten auch Frauen Meisterin werden.

In der Kirche hatten die Zünfte oft ihren eigenen Altar und verehrten einen Heiligen als ihren Schutzpatron. Auch im Kriegsfall traten die Zünfte als Gemeinschaft auf: Jeder Berufszweig verteidigte einen bestimmten Teil der Stadtmauer.

Es war nicht immer einfach, ein Lehrling zu sein

Sollte der Sohn eine Lehre beginnen, dann schloss sein Vater mit dem Meister einen Vertrag ab. In einem Lehrvertrag aus dem Jahre 1406 steht: „Meister Marten soll meinen Sohn die ganzen fünf Jahre anständig kleiden, wie es die Zunft verlangt. Für die Lehre will ich dem Meister sechzehn Gulden an Lehrgeld aushändigen."

Hatte der Lehrling die Ausbildung erfolgreich beendet, nahmen die Gesellen ihn in ihre Gemeinschaft auf. Der neue Geselle ging oft zunächst auf Wanderschaft, um in der Fremde Berufserfahrungen zu sammeln.

Lehrlinge in der Zunft (M4)

”

In Nürnberg konnte ein Lehrling seine Lehre bei folgenden Bedingungen abbrechen:
Wenn ein Meister oder seine Leute dem Lehrling nichts zu essen geben. Wenn der Lehrling keine Schlafgelegenheit, wie es ihm zusteht, erhält. Wenn der Meister, die Gesellen, Kinder oder jemand anders den Lehrjungen übermäßig oder in ungebührlicher Weise mit Fäusten, Hämmern oder anderem, wie dies oftmals vorkommt, gefährlich schlagen, (…) sodass er am Leib Schaden erleidet. Wenn der Meister dem Lehrling mehr Arbeit auferlegt oder ihn längere Zeit arbeiten lässt, als es im Handwerk üblich ist. Wenn ein Lehrling durch den Meister oder dessen Frau so sehr mit Hausarbeiten, Kinderhüten und anderem belastet wird (…) und nicht in der Werkstatt sein kann und in der Handwerkslehre behindert wird.

Zit. nach: A. Jegel, Alt-Nürnberger Handwerksrecht und seine Beziehungen zu anderen. Nürnberg 1965, S. 27 (bearb. v. Vf.). “

Zünftige Aufgaben

1. In M3 werden die Zeichen folgender Zünfte vorgestellt: Radmacher, Schuhmacher (zweimal), Bäcker, Schneider, Metzger, Dachdecker. Ordne die Zunftzeichen den Berufen richtig zu. Erläutere die Aufgaben der Handwerkerzünfte. Erkläre, welche Rolle sie für die Stadt spielten.

2. Beschreibe, wie es damals in der Werkstatt und im Laden eines Schuhmachers zuging (M2). Welche Arbeiten übten der Meister, die Gesellen und Lehrlinge aus? Welche Werkzeuge benutzten sie?

3. Suche in deinem Ort Straßennamen, die auf Handwerksberufe zurückgehen (z. B. Böttchergasse). Schreibe sie auf weißen Karton, den du vorher zu einem Straßenschild zuschneidest. Hängt eure Schilder in der Klasse auf.

4. Stelle dir vor, du hast einen Meisterbetrieb und bildest Lehrlinge aus. Erstelle ein großes Schild, das an deiner Tür hängt und auf dem steht, welche Rechte und Pflichten die Lehrlinge bei dir haben. Vergleiche mit M4.

5. Informiere dich im Lexikon oder einem anderen Nachschlagewerk, was ein Harnischmacher, Drahtzieher, Teersieder oder ein Heringswäscher machte.

Wenn Steine

Vielleicht wart ihr in Köln, Worms oder auch über diejenigen nachgedacht,

Baustelle der Kathedrale Saint-Denis bei Paris (M1).
Zeitgenössische Darstellung aus dem 14. Jahrhundert.

Mächtige Kirchen entstehen

Seit dem 11. Jahrhundert entstanden in den großen und reichen Städten Europas mächtige Kirchen, zunächst im romanischen, später im gotischen Baustil.

Die romanischen Kirchen – wie der Dom in Speyer – erinnern mit ihren gedrungenen Türmen sehr an Burgen. *Gottesburgen* nennt man sie deshalb noch heute.

Steht man vor einer gotischen Kirche – wie dem Dom in Köln – dann könnte man glauben, alle Teile des Bauwerkes wachsen in den Himmel, so auch die feingliedrigen Türme und die großen spitzbögigen bunten Fenster.

Ein Dom bringt der Stadt Ansehen und Einnahmen

Den Bürgern war es sehr recht, wenn in ihrer Stadt ein Dom gebaut wurde. So ein mächtiges Bauwerk erhöhte das Ansehen der Stadt. Viele Fremde kamen, die nicht nur die Kirche besuchten, sondern auch in den Herbergen und auf den Märkten ihr Geld ließen. Die Zünfte erhielten beim Bau des Doms Aufträge. Die Handwerker konnten ihre Fähigkeiten nachweisen – sei es beim Bau der Kirche oder bei der Ausgestaltung des Innenraums.

Die Bauleute (M2)

Ein Wissenschaftler beschreibt, wie im Mittelalter ein Dom gebaut wurde:

„Der Platz für die Kathedrale [Dom] glich einer gewaltigen Baustelle mit einem Gewirr von Kränen, Handwinden, Treträdern und anderen Hebewerkzeugen und unzähligen Karrenladungen von Steinen (…). Die Arbeit am Bau war einer Gruppe von Handwerkern übertragen, die miteinander arbeiteten – Maurer, Zimmerer, Steinmetzen, Bildhauer, Bronzegießer und Glasmacher. Manche Gruppen blieben jahrelang zusammen (…). Gewöhnlich standen einer solchen Bauhütte zwei Männer vor, ein Architekt, der alle Arbeiten überwachte, und ein Bauleiter, der Arbeit und Material einteilte. Entlaufene Leibeigene und Bauern bildeten das Heer der einfachen Arbeiter – derjenigen Männer, die Steine brachen, Holz transportierten, Fundamente aushoben und Schieferplatten für das Dach oder andere Materialien in Körben auf dem Rücken trugen.

Zit. nach: A. Fremantle, Kaiser und Scholaren. Hohes und spätes Mittelalter. Hamburg 1973, S. 136f.“

Der Dom in Worms (M3).
Die Kirchtürme zeigen deutlich die Rundbogenfenster, die typisch für den romanischen Baustil sind.

erzählen könnten …

schon einmal in einem Dom:
in Regensburg. Doch habt ihr einmal
die den Dom gebaut haben?

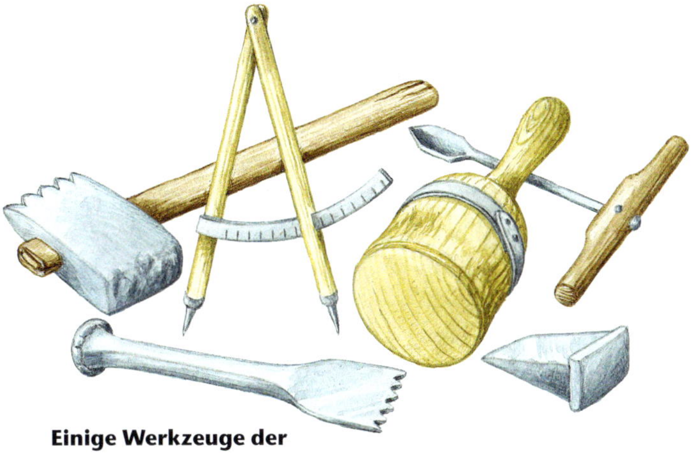

Einige Werkzeuge der Dombauhütte (M4).

Spitze! Der Dom in Köln (M5). *Zeichnung, 19. Jahrhundert.* Mit seinen beiden 156 Meter hohen Türmen, einer Länge von 144 und einer Breite von 45 Metern war der Kölner Dom zum Zeitpunkt seiner Fertigstellung eine der größten Kirchen überhaupt.

156 Meter

Erbauliche Aufgaben

1. Sammelt aus Zeitschriften oder Reiseprospekten Bilder von einem Dom. Auch Postkarten und Fotos sind gut geeignet. Klebt alles auf einen Karton und beschriftet die Bilder. Stellt „euren Dom“ in der Klasse aus.

2. Stell dir vor, in einer mittelalterlichen Stadt wird ein Dom gebaut. Als Reporter berichtest du darüber direkt von der Baustelle. M1, M2 und M4 geben dir Hinweise für die Reportage.

3. In jedem Jahr werden für die Renovierung des Kölner Doms (M5) mehrere Millionen Mark ausgegeben. Sagt eure Meinung dazu.

4. Wähle aus M1 einen Handwerker aus, der am Dombau beteiligt war. Welche Arbeiten verrichtete er und welche Werkzeuge benutzte er?

5. Der Kaiser besucht mit zwei hohen Geistlichen die Dombaustelle. Der Bauleiter berichtet ihnen über den Stand der Arbeiten. Spielt diese Szene nach. M2 hilft euch dabei.

Nichts regelt

... und deshalb hatten schon im Mittelalter die Ratsherren, der Bürgermeister und die Stadtverwaltung alle Hände voll zu tun:

Wer regierte die Stadt?

Mit der Zeit hatten sich einige Städte von ihrem Schutzherrn freigekauft und die reichen Kaufleute (*Patrizier*) regierten selbst ihre Stadt. Sie stellten die *Ratsherren,* aus deren Mitte der *Bürgermeister* ernannt wurde.

Bald kam es in vielen Städten zu Kämpfen zwischen den immer mächtiger werdenden Zünften und den Patriziern. Oft siegten die Zünfte und dann regierten sie allein oder gemeinsam mit den Kaufleuten die Stadt.

Nicht alle Stadtbewohner waren „Bürger“

Meist besaßen nur die Patrizier und die Handwerksmeister das *Bürgerrecht*. Wer wenig besaß, konnte auch kein Städtebürger werden: Handwerksgesellen, Fuhrleute, Lastenträger, Knechte und Mägde, Tagelöhner und Lohnarbeiter. Dazu zählten auch die Obdachlosen und die vielen Bettler. Kein Bürgerrecht hatten auch die Totengräber, Scharfrichter, Spielleute und Gaukler, weil ihr Beruf als unehrlich galt. Die Juden nahmen eine Sonderstellung ein

Feuer in Bern im Jahr 1405 (M1), *zeitgenössische Buchmalerei.* Da damals viel Holz beim Hausbau verwendet wurde und die Gassen sehr eng waren, kam es oft zu großen Stadtbränden. Deshalb erließ die Ratsversammlung Bestimmungen zur Einhaltung des Brandschutzes und zur Brandbekämpfung. Jeder Stadtbewohner wurde verpflichtet, beim Löschen von Bränden mitzuhelfen.

In einer Stadtschule (M2). *Teil eines Holzschnittes aus der Sammlung W. L. Schreiber, Potsdam.* Lange Zeit hatte die Kirche allein die Bildung in ihrer Hand. Im 14. Jahrhundert gründeten auch die Städte Schulen. Die Schüler wurden in mehreren Gruppen unterrichtet. Wer welcher Gruppe angehörte, hing von der Leistung ab.

sich von selbst

(vgl. S. 64/65). Frauen besaßen nur in Ausnahmefällen das Bürgerrecht, nämlich dann, wenn sie selbstständig Handel oder ein Gewerbe betrieben (vgl. S. 54/55 und 62/63).

Alles war geregelt

Jede Stadt hatte ihre *Ratsverfassung*. Darin waren die Rechte und Pflichten der Stadtbewohner ganz genau festgehalten. Eine Bau-, Straßen- und Marktordnung regelte das Zusammenleben der Stadtbewohner. Wer sich nicht an diese Regeln hielt, wurde bestraft. Der Bürgermeister und gewählte Schöffen saßen zu Gericht, um Vergehen zu bestrafen und Streit zwischen den Stadtbewohnern zu schlichten. Der Bürgermeister, die Ratsherren und die Stadtverwaltung mussten sich aber auch noch um viele andere Probleme kümmern …

… auch die Lösung dieser Aufgaben nicht:

1. Zeichne ähnlich der Lehnspyramide von Seite 16 eine Pyramide der Bevölkerungsgruppen in der mittelalterlichen Stadt. Beachte: Ansehen, Einkommen und Reichtum sind wichtig, wenn es darum geht, wer „oben" und wer „unten" steht. Der Text hilft dir dabei.

2. Im Grundgesetz steht: „Alle Menschen sind vor dem Gesetz gleich". Erläutere, ob das auch für die Menschen damals zutraf.

3. Beschreibe das Bild M2. Vergleiche anhand des Bildes und des Legendentextes den Schulunterricht damals mit dem von heute und nenne Unterschiede und Gemeinsamkeiten.

4. Nenne einige Umweltprobleme in der mittelalterlichen Stadt (M4). Was sagen die Quellen über das Umweltbewusstsein der Stadtbewohner damals aus?

Bettler leben in der Stadt (M3). *Gemälde von Jean Bourdichon (sprich: Schon Burdischon), gest. 1521.* In schlechten Zeiten lebte über die Hälfte der Stadtbewohner von Almosen.

Umweltbewusstsein damals (M4)

„*In den Stadtordnungen von Zürich aus verschiedenen Jahren steht u. a.:*

Keine illegalen Schutthalden (von 1417)

Bürgermeister und Rat verordnen, dass niemand Mist, Erde und Abraum in den Stadtgraben schütten soll. Wer es dennoch tut, muss 10 Schilling zahlen und den Abraum auf eigene Kosten wegführen oder wegtragen lassen.

Das gehört nicht auf die Straße (von 1319)

Sooft Meister Johannes, der Wundarzt, (…) seine gebrauchten Verbände vor das Haus auf die Straße wirft, muss er 10 Schilling Strafe zahlen.

Schweine in den Stall (von 1403)

Man soll die Schweine nicht auf die Straße gehen lassen. Will einer seinen Stall misten, darf er die Schweine auslassen, doch muss ein Bote dabei sein. Nach dem Tränken und Misten müssen die Schweine wieder in den Stall getrieben werden. Wird dennoch ein Schwein auf der Straße angetroffen, hat der Besitzer eine Buße zu zahlen.

Alle Quellen zit. aus: Zeiten Menschen Kulturen 2. Zürich 1985, S. 38. Bearbeitet vom Verfasser."

Auf dem Markt

Markttag in einer mittelalterlichen Stadt. Umschlagsplatz für Waren und Nachrichten, Tummelplatz für Händler, Gaukler und Betrüger.

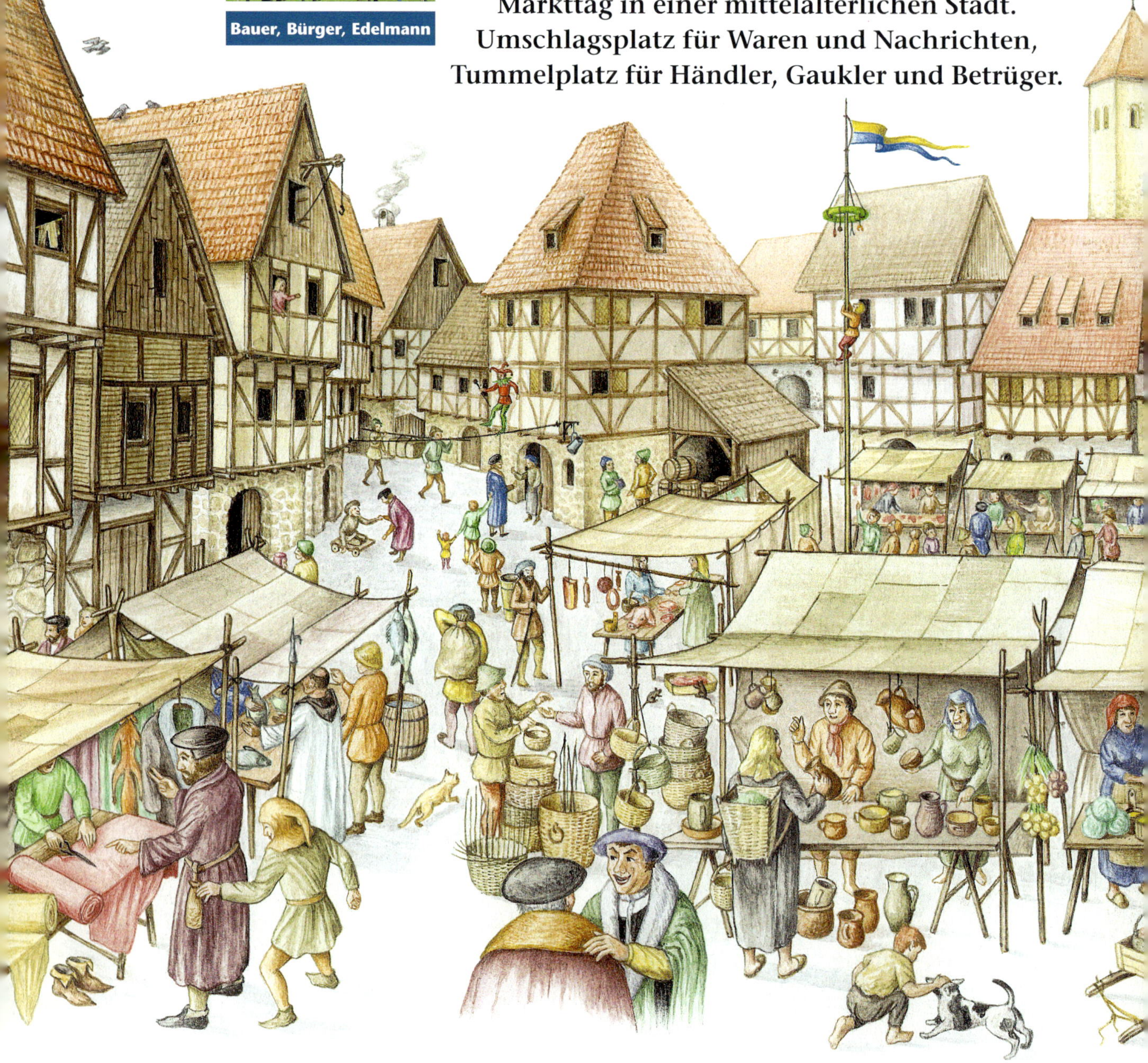

Markttag

Schon frühmorgens drängten sich die Menschen auf dem Marktplatz in der Mitte der Stadt. Wenn die Marktfahne aufgezogen war, konnte der Handel beginnen:

Bäuerinnen und Bauern aus der Umgebung hatten ihre Stände aufgeschlagen. Laut schreiend boten sie ihre Waren an: Eier, Honig, Geflügel, Zwiebeln, Rüben, Wachs und anderes von Feld und Hof. An einer anderen Ecke stellten die Handwerker ihre Ware aus. Wer Töpfe, Körbe, Tonwaren oder anderes Geschirr brauchte, fand es hier.

Lag die Stadt an einer der großen Handelsstraßen oder an einem größeren Fluss, war das Angebot natürlich noch größer: Fernhändler verkauften Salz und Heringe, aber auch Tuche, Seide, Pelze, Waffen und manchmal sogar Pfeffer und andere Gewürze aus dem Orient.

Die Stadt lebt vom Markt

Nicht in jeder Stadt durfte Markt gehalten werden. Dazu benötigten die Bürger das *Marktrecht.* Es wurde ihnen vom Landesherrn, manchmal auch vom Kaiser, verliehen. Oft durfte im Umkreis der Stadt kein anderer Markt abgehalten werden.

Markt in einer mittelalterlichen Stadt (M1). *Rekonstruktionszeichnung.*

Stadtwaage in Nürnberg (M2). Der Wiegemeister (Mitte) wiegt den Stoffballen eines Kaufmanns (rechts), um den Zoll festzulegen. Sein Gehilfe (links) setzt die Gewichte.

Brotmaß am Freiburger Münster (M3). Wenn sich ein Bäcker nicht an die vorgeschriebenen Maße hielt, wurde er hart bestraft.

... dann wird ihm die Hand abgeschlagen (M4)

„*Aus der Marktordnung der Stadt Landshut aus dem Jahr 1256:*

1. Wir verbieten, Schwerter und Dolche innerhalb der Stadt zu tragen. Wer ein Schwert trägt, zahlt der Stadt 6 Schilling und dem Richter 60 Pfennig. (...)

10. Wir verordnen, dass kein Kauf außerhalb des öffentlichen Marktes stattfindet. Dies gilt für Leute, die Waren in die Stadt bringen. Wer gegen diese Anordnung verstößt, muss der Stadt 6 Schilling und dem Richter 60 Pfennig bezahlen. Wenn er kein Geld besitzt, wird ihm die Hand abgeschlagen (...).

11. Wir verordnen, dass zwei gute Würste, die die vorgeschriebene Größe besitzen, für einen Pfennig verkauft werden, sie dürfen aber nur aus reinem Schweinefleisch gemacht sein. Zuwiderhandelnde müssen 1 Pfund (= 240 Pfennig) zahlen und werden ein Jahr lang von ihrem Handwerk ausgeschlossen (...).

20. Lotterbuben jeder Art, fahrende Schüler mit langen Haaren halten wir fern. Die Leute, die sie über eine Nacht hinaus beherbergen, verurteilen wir zu 1 Pfund.

Zit. nach: Bürck/Dietrich, Weltgeschichte im Aufriss. Band II. Frankfurt 1971, S. 73 f. “

Auf dem Markt musste sich jeder an die Marktordnung halten. Kein Streit durfte mit Waffen ausgetragen werden, denn es herrschte *Marktfriede*.

Je mehr Waren in der Stadt verkauft wurden, desto höher waren die Einnahmen für die Stadtkasse. Auch viele Stadtbewohner lebten vom Markt: nicht nur Handwerker und Kaufleute, sondern auch Lastenträger, Gaukler, Bettler und Herbergsbesitzer.

Aufgaben vom Markt

1. Zähle die Vorteile auf, die eine Stadt durch die Verleihung des Marktrechts besaß.

2. Setze die durcheinander geschüttelten Wörter sinnvoll zusammen und ordne sie a, b oder c richtig zu:
ÖTPEF – IEER – ÖRKEB – IEDSE – FEPFRFE – EFGLGLEÜ – USECHH – EZLPE – ÜREBN

a) Waren der Bauern
b) Waren der Handwerker
c) Waren der Fernhändler

3. Erläutert, was alles in der Marktordnung geregelt wird (M4).

4. Stell dir vor du führst deinen Freund, der zum ersten Mal in der Stadt ist, über den mittelalterlichen Markt (M1). Erkläre ihm, was an den einzelnen Ständen geschieht und was sonst noch alles passiert.

5. Erkläre, warum die Stadtwaage (M2) und das Brotmaß (M3) für den Handel damals wichtig waren.

Bauer, Bürger, Edelmann

Von wegen

Über das Leben der Frauen in der mittelalterlichen Stadt berichten uns Texte und Bilder. Eine Frau als Bürgermeisterin kommt darin nicht vor.

Ehefrau, Hausfrau und Mutter ...

Geschlechtertanz (M1).
Ausschnitt aus einem Gemälde, Augsburg, um 1500.

Familienszene (M2).
Teil eines Holzschnittes, 1476.

Geburt eines Kindes (M3).
Ausschnitt aus einer Altartafel, 1481.

Frauen hatten es nicht leicht

Im Mittelalter hatten viele Männer folgende Meinung zu den Frauen: Ihre wichtigste Aufgabe bestehe darin zu heiraten, Kinder zu gebären und zu erziehen, dem Mann treu zu sein sowie den Haushalt zu führen. Und deshalb sah das Leben vieler Frauen oft so aus: Verheiratete Frauen wurden oft schwanger. Nicht selten hatten sie mehr als acht Kinder, denn es gab noch keine Verhütungsmittel. Die Säuglingssterblichkeit war hoch und nur jedes zweite Kind erreichte das Erwachsenenalter. Geschwächt durch die zahlreichen Geburten, starben viele Frauen sehr früh.

In der Familie hatte die Frau sich dem Mann unterzuordnen. Er hatte in allem das letzte Wort. Eine Entscheidung der Frau gegen den Willen ihres Mannes oder Vaters war eine große Ausnahme.

Auch außerhalb der Familie hatte die Frau kaum etwas zu sagen. Die Stadt zu regieren, Gerichtsprozesse zu führen – das alles war Männersache. Manche Handwerker- und Kauffrauen – aber das war die Ausnahme – hatten auch im Beruf Erfolg. *Chancengleichheit* zwischen Mann und Frau gab es trotzdem nicht. So bildeten nur wenige Zünfte Mädchen als Lehrlinge aus.

Mägde hatten es besonders schwer

Auch wenn die Handwerker- und Kauffrauen nicht gleichberechtigt waren, so hatten sie doch ihr Auskommen. Anders war das bei den *Mägden:* Sie arbeiteten im Haus einer wohlhabenden Familie, manchmal auch in der Werkstatt eines Handwerkers und im Baugewerbe. Ihr Lohn war gering und vor Entlassung waren sie nicht sicher. Einen schlechten Ruf hatten die *Dirnen*, „Hübschlerinnen" genannt und die Frauen, die in den Badehäusern arbeiteten. Die reichen Frauen legten daher großen Wert darauf, auch „nach außen" nicht mit einer Magd oder gar Dirne verwechselt zu werden. Dafür sorgten die vom Stadtrat beschlossenen *Kleiderordnungen.* Darin war genau vorgeschrieben, wer sich wie kleiden durfte.

Und heute? Mädchen bändigen eine Menge PS – Motorradfahrerinnen (M7).

Gleichberechtigung!

Kauffrau und einige typische Handelswaren von früher (M4).
Bild in der Mitte: Holzschnitt, 1571.

Wie müssen sich Frauen kleiden? (M5)

In der Kleiderordnung des Stadtrates von Kiel 1417 lesen wir:

„Keine Frau darf gekrauste Tücher tragen und mehr als zwei Mäntel haben, die mit Pelzwerk gefüttert sind. Sie darf auch keinerlei Geschmeide mit teurem Gestein und Perlen an allen ihren Kleidern tragen, wenn ihr Mann an die Stadt nicht mindestens 400 Mark Silber zu versteuern hat. Wenn eine Frau dessen überführt wird, so soll das der Stadt mit mindestens 10 Mark gebessert [wieder gutgemacht] werden."

Zit. nach: K. M. Bolte, Deutsche Gesellschaft im Wandel. Opladen 1966, S. 273.

Ratschläge für den Ehemann (M6)

In einem Roman aus dem 11. Jahrhundert rät der Vater dem Sohn:

„Wenn du eine edle Gattin heimführen willst, um mit ihr teure Kinder zu zeugen, dann suche dir eine Frau, die du kennst und niemals ohne den Rat deiner Mutter! Sobald du sie gefunden hast, ziemt es sich, sie in jeder Weise in Ehren zu halten und mit Güte zu behandeln; sei dennoch ihr Herr, damit sie sich nicht etwas herausnimmt, mit dir irgendeinen Streit zu haben; denn kein größeres Übel kann es für Männer geben, als wenn sie denen unterworfen sind, deren Herren sie sein sollten."

Ruodlieb von Fritz P. Knapp, Stuttgart 1977, S. 69.

Keine reine „Männersache"!

1. Was sagen die Bilder M1–M4 über das Leben der Frauen damals aus? Erinnere dich, wie du Bilder zum Sprechen bringen kannst (vgl. S. 41).

2. Erläutere anhand des Textes sowie M5 und M6, wie es im Mittelalter mit der Gleichstellung von Mann und Frau aussah. Warum gab es keine Bürgermeisterinnen?

3. Trifft das Sprichwort „Kleider machen Leute" auch heute noch zu (M5)?

4. Nach dem Grundgesetz ist die Frau dem Mann gleichgestellt. Befrage Frauen und Männer, wie sie das im Beruf und in der Familie erleben.

Rechtlos und

Die Verfolgung jüdischer Mitbürger hat in Deutschland eine lange und traurige Geschichte. Begonnen hat alles im Mittelalter ...

Verfolgt und ausgegrenzt

Die Juden waren vor langer Zeit aus ihrer Heimat Palästina vertrieben worden und hatten sich in vielen Ländern – so auch in Deutschland – angesiedelt. Weil sie andere Bräuche und Gewohnheiten hatten und sich ihre Religion von der christlichen unterschied, waren nicht wenige Christen misstrauisch gegenüber den jüdischen Menschen. Bereits während der Kreuzzüge hatten Christen Tausende Juden verfolgt und ermordet (vgl. S. 26/27).

Um sich vor den Verfolgungen zu schützen, aber auch um ungehindert ihrer Religion und ihrem gewohnten Leben nachgehen zu können, grenzten sich die Juden immer mehr von den Christen ab. Sie lebten in eigenen Stadtvierteln, den *Gettos*.

Plünderung der Judengasse in Frankfurt/Main 1614 (M1).
Kupferstich von H. Merian, 1642.

Jüdisches Leben

In den Gettos regelten die jüdischen Gemeinden ihr Zusammenleben weitgehend selbst. Sie besaßen ein eigenes Gotteshaus, die *Synagoge*. Die Gemeinde kümmerte sich um die Kranken, Alten und Hilfsbedürftigen. Sie hatten sogar ein eigenes Spital und einen eigenen Friedhof. In der jüdischen Schule lernten die 5- bis 13-jährigen Mädchen und Jungen lesen und schreiben und waren den christlichen Kindern in der Bildung oft überlegen. In den Tanz- und Badehäusern pflegte man die Geselligkeit. Eigene Backstuben und Fleischereien sorgten für Brot und Fleisch, das nach den besonderen Vorschriften des jüdischen Glaubens zubereitet wurde.

In vielen bekannten Städten, wie in Köln, Wien, Frankfurt und Prag, hatten die Juden großen Anteil am Wohlstand der Bürger.

Juden – Menschen zweiter Klasse

Obwohl der Kaiser die Juden unter seinen Schutz gestellt hatte, hörten die Verfolgungen nicht auf.

Einer der schlimmsten Vorwürfe der Christen war, die Juden hätten sich am Tod Jesu schuldig gemacht. Auch wurde behauptet, sie würden Christenkinder schlachten, um mit dem Blut Brot für ein Fest zu backen.

Zahlreiche Bestimmungen benachteiligten die jüdischen Mitbürger und verletzten ihre Ehre: Juden hatten eine vorgeschriebene Kleiderordnung, damit man sie sofort auf der Straße erkannte. Sie durften kein Handwerk ausüben, kein Land erwerben und nicht Bauer sein. Auch für öffentliche Ämter wurden sie nicht zugelassen.

Hass und Verfolgung

Da es für Christen verboten war, für geliehenes Geld Zinsen zu nehmen, betrieben Juden im Mittelalter das Geschäft des Geldverleihes. Einige wurden sehr reich dabei. Das weckte den Neid mancher Christen. Unter

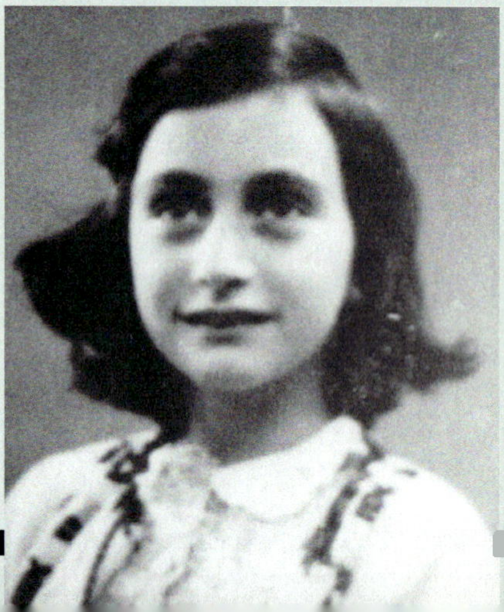

verfolgt – die Juden

Der Judenstern (M3). Um Juden besser ausgrenzen zu können, wurde ihnen das Tragen dieses Sterns vorgeschrieben.

Das Geld der Juden wird verteilt (M4)

„*Über die Judenverfolgungen in der Stadt Straßburg steht in einer Chronik von 1349:*
Am Samstag verbrannte man die Juden in einem Kirchhof auf einem hölzernen Gerüst. Es waren ihrer 2000. Welche sich taufen ließen, die ließ man am Leben (...). Was man den Juden schuldig war, das war alles abgegolten: Alle Pfänder und Schuldbriefe, die die Juden gehabt hatten, wurden den Geldleihern zurückgegeben. Das bare Geld der Juden nahm der Rat und teilte es unter die Zünfte auf (...). Das Geld war auch der Grund, warum die Juden getötet wurden. Wären sie arm gewesen (...), so wären sie nicht verbrannt worden.

Zit. nach: Nachum T. Gidal, Die Juden in Deutschland von der Römerzeit bis zur Weimarer Republik, Gütersloh 1988, S. 51.“

Gespräch zwischen christlichen und jüdischen Gelehrten (M2), *Holzschnitt von 1483.* Die Juden waren verpflichtet, Spitzhüte zu tragen.

Jüdisches Leben heute (M5). Jugendliche feiern das Laubhüttenfest. In einer selbst gebauten Hütte wohnen, lernen und spielen sie mit ihren Freunden und Freundinnen.

ihnen gab es viele, die bei den Juden Schulden hatten. Sie versuchten, diese Schulden auf billige Art loszuwerden: Wenn es gelang, die Geldverleiher zu vertreiben, war man auch gleich seine Schulden los.

Auch kam es vor, dass jüdische Ärzte der Hexerei beschuldigt wurden. Juden wurde zum Beispiel auch vorgeworfen, sie hätten die Brunnen vergiftet und damit die todbringende Pest verbreitet (vgl. S. 66/67).

Bis ins 20. Jahrhundert hinein kam es wiederholt zu Judenverfolgungen. Die Nationalsozialisten, die 1933 bis 1945 bei uns herrschten, ermordeten Millionen Juden in Konzentrationslagern. Das jüdische Mädchen *Anne Frank* (Bild links) war eines von ihnen.

Nachdenken über Verfolgte

1. Warum zogen sich die jüdischen Bürger in Gettos zurück?

2. Der Antrag eines reichen jüdischen Geldverleihers, das Bürgerrecht der Stadt Münster zu erhalten, wird von den Ratsherren abgelehnt. Versetze dich in die Lage der Ratsherren und formuliere die schriftliche Ablehnung. Denke daran, dass die Ratsherren dem Antragsteller vor allem die Gründe für ihre Ablehnung mitteilen müssen.

3. Der jüdische Geldverleiher ist über die Ablehnung seines Antrages, vor allem über die Gründe dafür, empört. Er schreibt an den Kaiser einen Beschwerdebrief. Formuliere ihn.

4. Beschreibe das Bild M1. Sage deine Meinung zum Vorgehen der Christen gegenüber den Juden. Gehe dabei auch auf die Quelle M4 ein.

5. Nehmen wir an, ein Bekannter hat eine schlechte Meinung über die Juden. Nenne Argumente, um ihn davon zu überzeugen, dass seine Einstellung falsch ist.

Die Pest – der

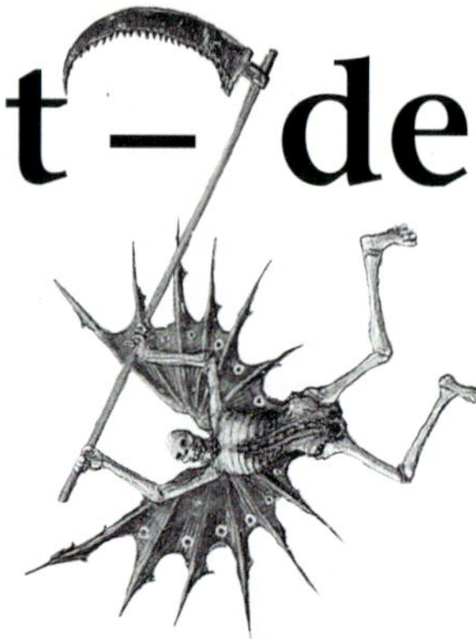

Die Pest – eine Strafe Gottes? Damals glaubten es viele. Heute wissen wir es besser.

Die Pest – das große Sterben

Im Oktober 1347 lief ein Handelsschiff von der Halbinsel Krim im sizilianischen Hafen Messina ein. Die vielen Menschen, die zum Hafen geeilt waren, konnten sich aber nicht am Anblick der kostbaren Waren aus Mittel- und Ostasien erfreuen. Im Gegenteil, das Grauen schüttelte sie:

Überall auf dem Deck lagen Leichen. Mit glasigen, fiebrigen Augen erwarteten die noch Lebenden den Tod. Ein abscheulicher Gestank nach Verwesung überzog das Totenschiff. Herbeigeeilte Ärzte stellten bei den Toten und Todkranken schwarze Schwellungen in den Achselhöhlen und in der Leistengegend fest. Deshalb wurde die Seuche, die wir heute unter dem Namen *Pest* kennen, damals auch als der *schwarze Tod* bezeichnet.

Von Flöhen befallene Ratten waren der Ausgangspunkt der Pest. Die Flöhe sprangen auf die Menschen über. Bei den Infizierten stellten sich Erbrechen, Eiterbeulen und hohes Fieber ein und nach einer Woche waren sie tot.

In Windeseile breitete sich die ansteckende Seuche in ganz Europa aus. Die Angst ging in den Städten und Dörfern um, wenn das Glöckchen läutete und die Toten auf Karren weggebracht wurden, um sie in Massengräbern zu verscharren. Jeder dritte Einwohner in Europa starb an der Pest. Erst vier Jahre später, im Jahr 1351, hörte das große Sterben allmählich auf.

Das Ergebnis war furchtbar: Ehemals bekannte Städte waren entvölkert, ganze Landstriche verödet.

Die Pest von Tournai 1349 (M1). In großer Eile werden die Pesttoten in Massengräbern bestattet, um einer Ausbreitung der Seuche zuvorzukommen.

In den Städten „stank es zum Himmel"

Aber die Ursachen für Seuchen und Krankheiten lagen auch in den Lebensbedingungen der mittelalterlichen Städte selbst. Auf engstem Raum lebten die Menschen zusammen. Aller Unrat wurde auf die Straße geschüttet, auf der auch die Schweine, Gänse und Enten fraßen. Eine Kanalisation gab es nicht, die Abwässer flossen einfach auf die Straße oder in den Stadtbach. Die Brunnen wurden dadurch verunreinigt. Läuse, Wanzen, Flöhe und Ratten nisteten sich in den Häusern ein und übertrugen Erreger für todbringende Krankheiten auf die Menschen.

Die wahren Ursachen erkennen

1. Worin siehst du die Ursachen für die Seuchen im Mittelalter und warum breiteten sie sich so schnell aus (M2)?

2. Sage deine Meinung zu M3. Auch heute noch werden aus unterschiedlichen Gründen immer wieder „Sündenböcke" gesucht. Nenne Beispiele.

3. Als Stadtrat einer mittelalterlichen Stadt schreibst du eine Verordnung, mit der du verhindern willst, dass sich die Pest weiter ausbreitet. Erstelle ein Plakat mit deinen Anweisungen.

4. Erkundige dich – z. B. in einer Apotheke – welche Heilkräuter heute besonders für die Bekämpfung von Krankheiten verwendet werden.

„schwarze Tod“

Ausleeren eines Nachttopfes (M2). *Holzschnitt aus dem 16. Jahrhundert.*

Jüdische Mitbürger werden verfolgt und getötet (M3)

Der Jude Josef ha Cohen berichtet:

Die Juden hatten sich in Deutschland in der Landschaft Thüringen sehr vermehrt, und da die Bevölkerung des Landes neidisch auf sie war, trachtete sie danach, sie zu töten. Als nun damals [wegen der Pest] viele erkrankten, sprachen sie: Die Juden haben Gift in die Brunnen geworfen, um uns zu töten. Sie erhoben sich gegen die Juden und verbrannten sie.

geänd. nach: E. L. Ehrlich, Geschichte der Juden in Deutschland, Düsseldorf 1961. S. 29.

Beim „Zahnbrecher“ (M4). Die drei Schüler zeigen euch, wie man damals Zähne zog: Ohne ein Betäubungsmittel wurden schlechte Zähne mit einer Zange einfach herausgerissen.

Medizin und Aberglauben

Die medizinische Versorgung im Mittelalter ist mit der heutigen nicht zu vergleichen. Wichtigstes Behandlungsmittel waren Kräuter. Kluge Leute hatten festgestellt, dass die verschiedensten Kräuter Abwehrstoffe gegen viele Krankheiten besaßen. Auch heute noch schwören viele zu Recht auf deren Heilwirkung. Im Mittelalter vermischten sich aber sehr oft Heilkunst und Aberglauben.

Manche *Quacksalber,* die nichts von Medizin verstanden, bereicherten sich am Unwissen der Menschen. Da die Ursachen der Krankheiten oft nicht bekannt waren, hielten die Menschen Krankheiten und Seuchen für eine Gottesstrafe. Manchmal suchten sie auch nach Sündenböcken, denen sie die Schuld an der Seuche gaben. Das waren Bevölkerungsgruppen, die in der Minderheit waren und sich deshalb kaum wehren konnten. Nicht selten wurde beispielsweise den jüdischen Mitbürgern die Schuld an der verheerenden Pest gegeben.

Einige Heilkräuter

Lungenkraut. Die Blätter sehen aus wie Lungenflügel. Man behandelte damit Husten und Heiserkeit, Asthma, aber auch Blasenleiden und sogar Durchfall.

Melisse. Das wie Zitronen riechende Kraut wurde verwendet zur Linderung von Kopf- und Zahnschmerzen und bei der Behandlung von Insektenstichen.

Wermut. Mit dieser auch als *Wurmkraut* bezeichneten Heilpflanze wurden Flöhe bekämpft, aber auch Würmer aus den Eingeweiden entfernt.

Majoran. Aus dem sehr aromatischen Kraut wurde ein Brei gekocht für Umschläge, mit denen Blutergüsse und Schwellungen eingedämmt wurden.

Bauer, Bürger, Edelmann

Von London

„Gemeinsam sind wir stark.“ Mittelalterliche Kaufleute aus dem Rheinland und aus Norddeutschland beweisen es dir.

Der Rheinische Städtebund

Im 13. Jahrhundert hatte es ein deutscher Handelskaufmann, der mit seinem Planwagen Waren übers Land transportierte, nicht leicht. In der *Wormser Chronik* von 1254 ist zu lesen, dass Ritter und Adlige im Rheingebiet Straßen und Pässe sperrten, Kaufleute ausraubten und sogar ermordeten. Fürsten errichteten Zollstätten am Rhein und jeder Kaufmann, der seine Waren auf dem Rhein transportieren wollte, musste an diese Fürsten Geld bezahlen. Auch die Bevölkerung hatte unter diesen Schikanen zu leiden, denn die Waren wurden dadurch nur noch teurer.

Die Kaufleute aus über 60 Städten am Rhein, darunter auch Mainz und Köln, halfen sich selbst und gründeten zu ihrem Schutz den *Rheinischen Städtebund.*

Die Gründung der Hanse

An der Nord- und Ostseeküste hatten es deutsche Kaufleute zu Reichtum und Ansehen gebracht. Ihre seetüchtigen Schiffe, die *Koggen,* liefen Häfen in Russland, Schweden, Norwegen und England an. Doch das war ein schwieriges und gefährliches Geschäft: Ein Fernhändler konnte es sich kaum leisten, allein eine Kogge auszurüsten und auf die Fahrt zu schicken. Außerdem überfielen immer wieder Piraten, wie der berühmte *Klaus Störtebeker,* die Koggen. Deshalb schlossen sich die Kaufleute der Nord- und Ostseeküste zu Genossenschaften zusammen, aus denen später ein Städtebund, die *Hanse,* entstand. Gemeinsam rüsteten die Kaufleute nun ihre Schiffe aus, organisierten die Fahrten und heuerten bewaffneten Schutz an.

Ein mächtiger Städtebund

In der Blütezeit gehörten mehr als 80 Städte der Hanse an – nicht nur Hafen-, sondern auch Binnenstädte. Im Ausland gründeten die Hansekaufleute *Handelskontore,* oft mit einem eigenen Hafengelände. Kräne be- und entluden Schiffe, Arbeiter transportierten die Waren in die Lagerhallen, und in den Büros schlossen die hanseatischen Kaufleute mit ausländischen Unternehmern Verträge ab. Die Hanse war wirtschaftlich und politisch sehr mächtig geworden. Ihre Mitglieder hatten eine eigene Maß- und Münzordnung und eine eigene Rechtsprechung. Die Kaufleute schlossen mit anderen Staaten Verträge ab und führten sogar Kriege.

Über 200 Jahre beherrschte die Hanse den Handel auf der Nord- und Ostsee. Im 16. Jahrhundert wurden England und Holland die führenden Seemächte. Die Hanse verlor immer mehr an Bedeutung.

Hamburger Hafen (M1). *Buchmalerei von 1497.* Wie in allen Häfen der Hanse herrschte hier große Geschäftigkeit.

Für Seefahrer und Landratten

1. Nenne Gründe, warum sich im Mittelalter Kaufleute in Städtebünden zusammenschlossen.

2. Beschreibe das Handels- und Geschäftsleben im Hamburger Hafen (M1).

3. Worin siehst du die Gründe, dass die Hansekaufleute über lange Zeit ihre Vormachtstellung gegenüber anderen Kaufleuten behaupteten?

4. Welche Handelsstraßen führten durch deine nähere und weitere Umgebung? Durch welche Städte führten sie (M2)?

nach Nowgorod

Im Petershof in Nowgorod: Russische Adlige haben Geschmack am Wein gefunden. Du brauchst dringend 100 Fässer aus dem Rheingebiet. Elbe und Weichsel führen zur Zeit aber Hochwasser und können nicht überquert werden. Welche Reiserouten sind möglich? Welche Waren aus Russland könntest du im Rheinland verkaufen?

In Danzig: Es ist bald Fastenzeit. Die Christen essen in diesen Wochen kein Fleisch. Krakau hat bei dir 200 Fässer eingesalzene Heringe bestellt. Salz zum Einsalzen kaufst du in Lübeck, Holz für die Fässer in Stockholm. Wo kaufst du die Heringe? Denke daran, dass sie schnell verderben! Stelle die günstigste Route zusammen.

Im Handelskontor in Brügge: Flandrische Tuche sind bei den adeligen Damen in ganz Europa gefragt. Auf deinem Tisch liegen mehrere Bestellungen: 30 Ballen von Ratsmitgliedern aus Riga, 50 Ballen vom Königshof in Paris, 40 Ballen von Kaufleuten aus Florenz. Wie gelangen die Tuche am günstigsten auf dem See- und Landweg zu den Abnehmern?

Im Stalhof zu London: Der englische Königshof hat orientalische Gewürze bei dir angefordert. Du hast diese bei einem Gewürzhändler in Venedig bestellt und möchtest die Waren abholen. Aber: Bei Straßburger Kaufleuten hast du hohe Schulden und willst besser nicht in ihre Nähe kommen. Wie sehen deine Reiserouten aus?

Wichtige Hansestädte und Handelswege der Hansekaufleute um 1400 (M2).

Volles

Der ultimative TV-Tipp!
SENDUNG!
STUDIO 3
BITTE NICHT ST
Menschen auf dem Lande
Gebäude/ Bauwerke
Technik im Mittelalter
Handwerk und Handel
Frauen in der Stadt
Mitbestimmung
20 40 60 80 100
20 40 60 100
20 40 80 100
40 60 100
20 40 60 80
40
Punktestand
Gruppe 1: 120
Gruppe 2: 60
Gruppe 3: 20
Gruppe 4: 60
Gruppe 5: 40
CHICAGO
QUIZ DIE 1.

Risiko!

Die besten Fernseh-Shows sind immer noch die, die man selber macht. Also, worauf wartet ihr noch?

Das braucht ihr:
- einen Quiz-Master
- 30 DIN A6-Karten
- eine Pinnwand, auf die ihr die Fragekärtchen befestigt

So bereitet ihr die Show vor:
1. Bildet sechs Gruppen. Jede Gruppe bearbeitet einen Themenschwerpunkt. Die Schwerpunkte mit den dazugehörigen Begriffen findet ihr in der Tabelle rechts.
2. Zu jedem Begriff überlegt sich die Gruppe eine Umschreibung, z. B. für den Begriff **Hanse:** „Sie beherrschte über 200 Jahre lang den Handel auf der Nord- und Ostsee." Diese Umschreibung schreibt ihr zusammen mit dem Begriff auf eine DIN A6-Karte. Auf die Rückseite schreibt ihr den zugehörigen Punktewert und den Schwerpunktbereich. Beides könnt ihr aus der Themen-Tabelle ablesen. Steht also eine „20" auf der Rückseite, gibt es 20 Punkte für die richtige Antwort. Die genannten Buchseiten helfen euch dabei, eine passende Umschreibung zu finden. Danach werden alle Bücher geschlossen.

3. Hängt nun alle Karten nach Themenschwerpunkten und nach Punktezahlen sortiert an die Pinnwand, aber so, dass Frage und Antwort nicht zu sehen sind. Die Show kann jetzt losgehen.

Und so wird gespielt:
Jede Gruppe bestimmt eine Spielerin / einen Spieler, der für die Gruppe die Fragen beantwortet. Wer an der Reihe ist, darf sich eine Karte aussuchen, z. B. „Mitbestimmung der Bürger – 80". Damit es gerecht zugeht, dürft ihr aus dem Bereich, den ihr selbst bearbeitet habt, keine Karte auswählen.

Der Quiz-Master nimmt die gewünschte Karte von der Pinnwand und liest die Umschreibung vor. Wenn der Spieler oder die Spielerin die richtige Antwort weiß, erhält er / sie für seine / ihre Gruppe die Punktzahl, die auf der Karte steht und darf weitermachen. Wenn eine Spielerin / ein Spieler den Begriff aber nicht findet, ist die nächste Gruppe dran.

Sind alle Kärtchen umgedreht, ist das Spiel zu Ende. Die Gruppe mit den meisten Punkten hat gewonnen.

Themenschwerpunkte und Begriffe

Begriff	Punkte	Buchseiten
Gruppe 1: Menschen auf dem Lande		
Freie und unfreie Bauern	20	44, 45
Grundherr	40	46
Meier	60	46
Dorfschulze	80	50
Gemeindehirt	100	50
Gruppe 2: Gebäude/Bauwerke		
Rathaus	20	52
Kirche	40	56
Zeughaus	60	52
Stadtmauer	80	52
Synagoge	100	64
Gruppe 3: Technik im Mittelalter		
Sense	20	43
Räderpflug	40	43
Armbrust	60	36
Holzkran	80	56
Stadtwaage	100	61
Gruppe 4: Handwerk und Handel		
Hanse	20	68
Markt	40	60
Zünfte	60	55
Handelskontor	80	68
Bauhütte	100	56
Gruppe 5: Frauen in der Stadt		
Bettlerin	20	61
Kauffrau	40	63
Meisterin	60	54, 62
Mägde	80	62
Marktfrauen	100	60
Gruppe 6: Mitbestimmung		
Bürgerrecht	20	58
„unehrliche" Bürger	40	58
Stadtordnung	60	59
Bauernmeister	80	50
Gemeindeversammlung	100	50

Von A bis Z